KB186212

한국의 토익 수험자 여러분께,

토익 시험은 세계적인 직무 영어능력 평가 시험으로, 지난 40여 년간 비즈니스 현장에서 필요한 영어능력 평가의 기준을 제시해 왔습니다. 토익 시험 및 토익스피킹, 토익라이팅 시험은 세계에서 가장 널리 통용되는 영어능력 검증 시험으로, 160여 개국 14,000여 기관이 토익 성적을 의사결정에 활용하고 있습니다.

YBM은 한국의 토익 시험을 주관하는 ETS 독점 계약사입니다.

ETS는 한국 수험자들의 효과적인 토익 학습을 돕고자 YBM을 통하여 'ETS 토익 공식 교재'를 독점 출간하고 있습니다. 또한 'ETS 토익 공식 교재' 시리즈에 기출문항을 제공해 한국의 다른 교재들에 수록된 기출을 복제하거나 변형한 문항으로 인하여 발생할 수 있는 수험자들의 혼동을 방지하고 있습니다.

복제 및 변형 문항들은 토익 시험의 출제의도를 벗어날 수 있기 때문에 기출문항을 수록한 'ETS 토익 공식 교재'만큼 시험에 잘 대비할 수 없습니다.

'ETS 토익 공식 교재'를 통하여 수험자 여러분의 영어 소통을 위한 노력에 큰 성취가 있기를 바랍니다.

감사합니다.

Dear TOEIC Test Takers in Korea,

The TOEIC program is the global leader in English-language assessment for the workplace. It has set the standard for assessing English-language skills needed in the workplace for more than 40 years. The TOEIC tests are the most widely used English language assessments around the world, with 14,000+ organizations across more than 160 countries trusting TOEIC scores to make decisions.

YBM is the ETS Country Master Distributor for the TOEIC program in Korea and so is the exclusive distributor for TOEIC Korea.

To support effective learning for TOEIC test-takers in Korea, ETS has authorized YBM to publish the only Official TOEIC prep books in Korea. These books contain actual TOEIC items to help prevent confusion among Korean test-takers that might be caused by other prep book publishers' use of reproduced or paraphrased items.

Reproduced or paraphrased items may fail to reflect the intent of actual TOEIC items and so will not prepare test-takers as well as the actual items contained in the ETS TOEIC Official prep books published by YBM.

We hope that these ETS TOEIC Official prep books enable you, as test-takers, to achieve great success in your efforts to communicate effectively in English.

Thank you.

입문부터 실전까지 수준별 학습을 통해 최단기 목표점수 달성!

ETS TOEIC® 공식수험서
스마트 학습 지원

구글플레이, 앱스토어에서
ETS 토익기출 수험서 다운로드

구글플레이　　　앱스토어

ETS 토익 모바일 학습 플랫폼!
ETS® 토익기출 수험서 어플

교재 학습 지원
1. 교재 해설 강의
2. LC 음원 MP3
3. 교재/부록 모의고사 채점 및 분석
4. 단어 암기장

부가 서비스
1. 데일리 학습(토익 기출문제 풀이)
2. 토익 최신 경향 무료 특강
3. 토익 타이머

모의고사 결과 분석
1. 파트별/문항별 정답률
2. 파트별/유형별 취약점 리포트
3. 전체 응시자 점수 분포도

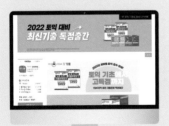

ETS TOEIC 공식카페 ▼

etstoeicbook.co.kr

ETS 토익 학습 전용 온라인 커뮤니티!
ETS TOEIC® Book 공식카페

강사진의 학습 지원　토익 대표강사들의 학습 지원과 멘토링

교재 학습관 운영　교재별 학습게시판을 통해 무료 동영상 강의 등 학습 지원

학습 콘텐츠 제공　토익 학습 콘텐츠와 정기시험 예비특강 업데이트

---

www.ybmbooks.com에서도 무료 MP3를 다운로드 받을 수 있습니다.

토익® 스피킹
기출스타트

최신개정판

**토익˚스피킹
기출스타트**
최신개정판

발행인   허문호
발행처   YBM

편집   윤경림, 정윤영
디자인   DOTS, 이현숙
마케팅   정연철, 박천산, 고영노, 김동진, 박찬경, 김윤하

초판 발행 2020년 12월 21일
개정1판 발행 2022년 1월 28일
개정2판 1쇄 발행 2022년 6월 3일
개정2판 3쇄 발행 2023년 7월 5일

신고일자   1964년 3월 28일
신고번호   제300-1964-3호
주소   서울시 종로구 종로 104
전화   (02) 2000-0515 [구입문의] / (02) 2000-0345 [내용문의]
팩스   (02) 2285-1523
홈페이지   www.ybmbooks.com

ISBN   978-89-17-23886-0

토익®스피킹
기출스타트

최신개정판

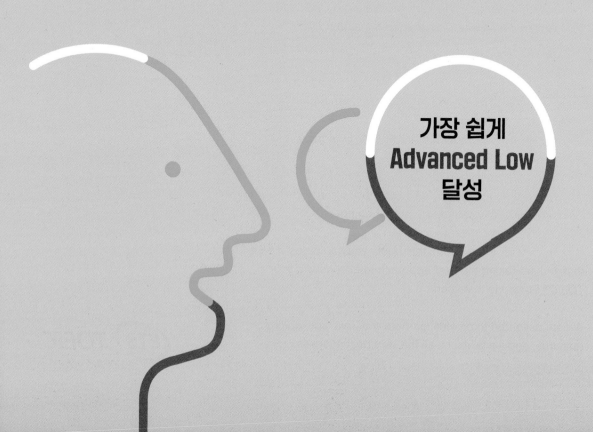

가장 쉽게
Advanced Low
달성

PREFACE

Greetings to all *TOEIC®* Speaking test takers in Korea!

Thank you for selecting <ETS 토익®스피킹 기출스타트> to help you prepare for the *TOEIC®* Speaking test. The *TOEIC®* Speaking test enables you to demonstrate your spoken English communication ability, and with a *TOEIC®* Speaking score on your résumé, you will have a useful credential that lets companies know that you have the skills to communicate effectively in English in real world situations. Proficiency in spoken English can offer opportunities throughout your lifetime, and a *TOEIC®* Speaking score can help provide evidence of that proficiency.

In choosing this book to help you prepare for the test, you have selected the only official test preparation product with real test questions from Educational Testing Service, the company that makes *TOEIC®*. Using this new resource will enable you to become familiar with the format and content of the *TOEIC®* Speaking test. You will also be able to practice answering questions that meet ETS's rigorous standards of quality and fairness and that were written by the same assessment specialists who develop the actual *TOEIC®* Speaking test.

Some of the features of <ETS 토익®스피킹 기출스타트> include:
· Test questions from *TOEIC®* Speaking tests recently administered in Korea
· Test questions developed by ETS test developers according to the highest standards of reliability, fairness, and validity in assessment
· A variety of sample responses that have been reviewed by ETS and carefully selected to help beginners

In preparing for the test with this book, you can be confident that you are taking the best approach to maximizing your *TOEIC®* Speaking test score.

We are delighted to provide learners with this high-quality resource, and we wish you all the very best success.

가장 쉬운 답변으로
Advanced Low 획득!

출제기관 ETS가 초급자를 위해 개발한
토익스피킹 공식 수험서!

토익스피킹 초급자를 위한 출제기관의 쉽고 유용한 완벽 솔루션

출제기관 ETS가 초급자 수준에 맞는 쉽고 유용한 스피킹 전략을 제시합니다. 쉬운 표현과 문장 구조로 이루어져 영어 초보도 쉽게 따라 할 수 있습니다.

실제 시험과 100% 동일한 온라인 모의고사 3회 제공

최신 실제 기출 문제로 이루어진 모의고사 3회분이 수록되어 있으며, 실제 시험처럼 온라인 상에서 풀어 볼 수 있습니다.

최신 기출 문제 다수 포함! 최신 출제 경향 완벽 반영!

기출 모의고사 3회분뿐 아니라 곳곳에 최신 기출 문제가 다수 포함되어 있으며, 최신 출제 경향을 완벽히 반영하였습니다.

쉽고도 유용한 ETS 모범 답안 제시

초급자가 적어도 Advanced Low를 받을 수 있도록 쉽고 간단하지만 유용한 모범 답안을 원어민의 음성으로 녹음하여 제시하였습니다.

효과 만점! 말하기 훈련 동영상 제공

기출로 훈련하기에 있는 QR 코드를 찍어 보세요. 답변 훈련 영상을 보면서 재미있게 말하기 연습을 해보세요.

목차

Warm Up 말하기 꿀팁

PART 1

PART 1 미리보기 40

기초 다지기 42

전략 파악하기 44
1 문장 끊어 읽기
2 강세와 억양 익히기

기출로 훈련하기 46
1 공지/안내문
2 방송
3 광고문
4 자동 응답 메시지

ACTUAL TEST 54

지문 유형별 빈출 문장 56

PART 2

PART 2 미리보기 60

기초 다지기 62

전략 파악하기 64
1 답변 템플릿
2 템플릿 적용하기

기출로 훈련하기 66
1 회사/학교
2 시장/상점/식당/호텔
3 거리/역/정류장/공항
4 공원/유원지

ACTUAL TEST 74

사진 유형별 필수 답변 표현 78

PART 3

PART 3 미리보기 82

기초 다지기 84

전략 파악하기 86
1 Q5 답변 방식 익히기
2 Q6 답변 방식 익히기
3 Q7 답변 방식 익히기

기출로 훈련하기 92
1 일상생활
2 전자기기/소셜미디어
3 편의시설/서비스
4 학교/직장

ACTUAL TEST 100

주제별 핵심 답변 문장 102

PART 4

PART 4 미리보기 108

기초 다지기 110

전략 파악하기 112
1 표 내용 파악하기
2 질문 잘 듣기
3 Q8 답변 방식 익히기
4 Q9 답변 방식 익히기
5 Q10 답변 방식 익히기

기출로 훈련하기 120
1 회의/행사 일정
2 강의/프로그램
3 출장/개인 일정
4 이력서/인터뷰

ACTUAL TEST 128

주제별 필수 답변 문장 130

PART 5

PART 5 미리보기 134

기초 다지기 136

전략 파악하기 138
1 질문 패턴 파악하기
2 답변 템플릿
3 템플릿 적용하기

기출로 훈련하기 142
1 일상생활
2 학교/교육
3 직장/업무
4 디지털/기술

ACTUAL TEST 150

주제별 핵심 답변 표현 152

기출 실전 테스트

기출 실전 테스트 1회 156

기출 실전 테스트 2회 164

기출 실전 테스트 3회 172

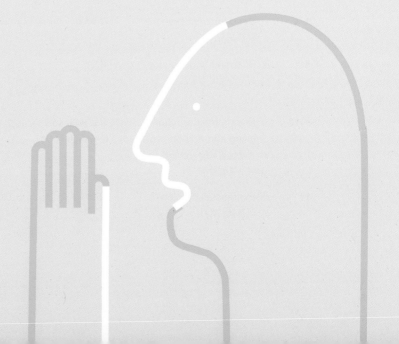

토익스피킹 기초 정보

1 TOEIC® Speaking Test 소개

TOEIC Speaking Test는 국제적인 비즈니스 환경에서 영어로 의사 소통하는 능력을 측정합니다.

- 영어권 원어민이나 영어에 능통한 비원어민과 자연스럽게 대화할 수 있는가?
- 일상 생활 또는 업무 관련 대화를 적절한 표현을 사용하여 할 수 있는가?
- 일반적인 업무상황에 있어 대화를 지속적으로 할 수 있는가?

2 TOEIC® Speaking Test 구성

문항 수	총 11개의 문항으로 구성되어 있으며, 5개의 유형으로 나뉩니다.
난이도	문장을 따라 읽는 쉬운 문제부터 자신의 의견을 제시하는 문제까지 다양한 난이도의 문제가 출제됩니다.
시간	약 20분 정도 소요됩니다.
평가	1-10번 문제는 0-3점, 11번 문제는 0-5점 범위 내에서 각각 1점 단위로 평가됩니다. 같은 유형 내에서는 쉬운 과제보다 어려운 과제에 가중치가 적용되고 총점은 0점에서 200점의 점수 범위로 환산됩니다.

문제 번호	유형	준비 시간	답변 시간	평가 항목	채점용 점수
1-2	Read a text aloud 문장 소리 내어 읽기	각 45초	각 45초	발음 억양 및 강세	0-3
3-4	Describe a picture 사진 묘사	각 45초	각 30초	(위 항목들 포함) 문법, 어휘, 일관성	0-3
5-7	Respond to questions 듣고 질문에 답하기	각 3초	5번: 15초 6번: 15초 7번: 30초	(위 항목들 포함) 내용의 관련성 내용의 완성도	0-3
8-10	Respond to questions using information provided 제공된 정보를 사용하여 질문에 답하기	정보 확인: 45초 준비 시간: 각 3초	8번: 15초 9번: 15초 10번: 30초	위 모든 항목들	0-3
11	Express an opinion 의견 제시하기	45초	60초	위 모든 항목들	0-5

3   *TOEIC*® Speaking Test 준비물

신분증

A	**대학(원)생 및 일반인**	주민등록증, 운전면허증, 기간 만료 전의 여권, 공무원증, 기간 만료 전의 주민등록증 발급신청확인서
B	**학생**	국내 학생증, 기간 만료 전의 여권, 청소년증 (상기 신분증이 없는 수험자는 홈페이지에서 '신분확인증명서'를 다운로드하여 작성 후 지참)
C	**군인**	장교 및 부사관 신분증, 군무원증, 군복무확인서 (상기 신분증이 없는 수험자는 홈페이지에서 '신분확인증명서'를 다운로드하여 작성 후 지참)

> **주의**
> 시험장에서 개인이 지참한 필기구는 사용할 수 없습니다. 하지만 시험센터에서 제공하는 규정 메모지와 필기구를 사용하여 시험 중 자유롭게 메모가 가능합니다. 메모는 시험 시작 직후부터 가능하며, 시험 종료 시 사용한 메모지와 필기구를 반드시 반납해야 합니다.

4   *TOEIC*® Speaking Test 채점 과정

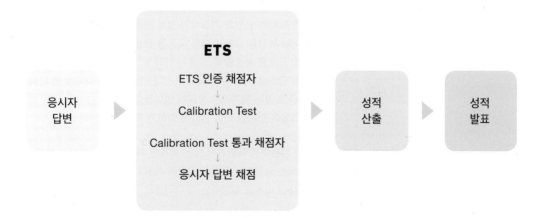

- Scoring Leader(채점 총괄 책임자)와 시험 개발자들이 채점 과정을 감독합니다.
- Calibration Test는 ETS 전문 채점자가 채점 당일 반드시 치러야 하는 시험으로, 기존에 채점한 답변 내용 중 무작위로 출제되는 답변 내용들을 다시 채점하여 기존의 성적 결과와 일정 수준 이상 동일해야만 채점에 참여할 수 있습니다.

5 *TOEIC*® Speaking Test 세부 점수 및 ACTFL® 등급

TOEIC Speaking 성적은 세부 점수(0~200점)와 함께 ACTFL 등급으로 표시됩니다.

ADVANCED HIGH

세부 점수
200

대체로 대부분의 의사소통 과제를 수월하고 능숙하며 자신 있게 처리할 수 있다. 업무, 가정, 여가 활동, 시사 및 개인적인 관심사와 관련된 다양한 주제를 놓고 오가는 격의 없는 대화 또는 격식을 갖춘 대화에 참여할 수 있다. 일반적인 업무 환경에 적합한 조리 있고 일관된 담화를 생성할 수 있다.

- 질문에 대한 응답과 정보 제공을 효율적으로 수월하게 한다.
- 짜임새 있는 논거를 제시하면서 의견을 상세히 표현한다.
- 과거, 현재, 미래 등 주요 시제를 사용해 완전하고 정확하게 서술한다.
- 단락 길이의 담화를 조리 있게 이어 나간다.
- 어휘를 정확하고 명확하게 사용한다.
- 단어 및 구를 상당히 알아듣기 쉽게 발음한다.

ADVANCED MID

세부 점수
180-190

대체로 다수의 의사소통 과제를 수월하고 자신 있게 처리할 수 있다. 다양한 주제를 놓고 오가는 격의 없는 대화에 대부분 참여할 수 있고, 격식을 갖춘 대화일 경우, 일부 참여할 수 있다. 대체로 일반적인 업무 환경에 적합한 조리 있고 일관된 담화를 생성할 수 있다.

- 간단한 질문에 대한 응답과 기초적인 정보 제공을 수월하게 한다.
- 의견 표현이나 복잡한 요청에 대한 대응을 효율적으로 한다.
- 과거, 현재, 미래 등 주요 시제로 서술하고 묘사한다.
- 단락 길이의 담화를 조리 있게 이어 나간다.
- 귀 기울여 듣고 있는 청자라면 상당히 알아들을 정도로 단어 및 구를 발음한다. (발음에 사소한 어려움이 있지만 의미 전달에 방해가 되지는 않는다.)

ADVANCED LOW

세부 점수
160-170

대체로 다양한 상황에서 효율적으로 의사소통할 수 있다. 일상적인 주제와 관련된 격의 없는 대화일 경우, 대부분의 상황에서 의사소통이 가능하며, 공적 관심사와 관련된 일부 주제의 경우, 일부 상황에서 의사소통이 가능하다. 대체로 일반적인 업무 환경에 적합한 조리 있고 일관된 담화를 생성할 수 있지만, 답변의 길이는 대체로 한 단락을 넘지 못한다.

- 간단한 질문에 대한 응답과 기초적인 정보 제공을 수월하게 한다.
- 의견 표현이나 복잡한 요청에 대한 대응을 효율적으로 한다. (일부 어휘가 부정확하고 복잡한 문법 구조를 사용할 때 오류가 있다.)
- 단락 길이의 담화를 조리 있게 이어 나간다. (단, 길이는 대체로 한 단락으로 제한된다.)
- 귀 기울여 듣고 있는 청자라면 상당히 알아들을 정도로 단어 및 구를 발음한다. (발음에 사소한 어려움이 있지만 의미 전달에 방해가 되지는 않는다.)

INTERMEDIATE HIGH

세부 점수
140-150

대체로 단순한 상황에서 복잡하지 않은 과제를 처리할 때 수월하고 자신 있게 말할 수 있다. 의견을 구하는 요청이나 복잡한 요청에 적절하게 대응할 수 있으나 더 복잡한 과제일 경우, 답변에 대한 이유를 설명하는 데 어려움을 겪기도 한다.

- 간단한 질문에 대한 응답과 기초적인 정보 제공을 수월하게 한다.
- 의견을 진술하고 상세히 설명한다. (분명하지 않은 발음이나 어법 실수, 한정된 어휘력 때문에 때때로 의사 전달이 미흡한 경우가 있다.)
- 때때로 단락 길이의 담화를 조리 있게 이어 나가지만 흐름이 끊어지는 부분이 있다.
- 단어 및 구의 발음이 단순한 과제에서는 알아들을 수 있는 수준이지만, 좀 더 복잡한 과제에서는 알아듣기 어려울 수 있다.

INTERMEDIATE MID 세부 점수 110-130	단순한 사회적 상황에서 복잡하지 않은 의사소통 과제를 적절하게 처리할 수 있고 신체적, 사회적 필요(음식, 쇼핑, 여행, 숙박), 개인 정보(일상 활동, 관심사 및 선호도) 등 구체적이고 예측 가능한 주제로 제한된다. 간단하고 단도직입적인 요청에 의견을 진술하고 답변할 수 있으나 복잡한 요청에 대응하고 자세하게 의견을 표현하는 능력에는 제약이 있다. • 질문에 대한 응답과 기초적인 정보 제공을 한다. • 의견을 진술하고 상세히 설명한다. (의사 전달이 미흡하다.) • 잦은 머뭇거림이나 부정확성으로 인해 일부 의사 표현에 어려움을 겪는 경우가 있다. • 문장과 이어지는 문장들을 활용해 말한다. (생각을 연결하고 시제와 동사의 형태를 다루는 데 어려움이 있다.) • (단순한 과제에 대해) 귀 기울여 듣고 있는 청자라면 대략 알아들을 정도로 발음한다.
INTERMEDIATE LOW 세부 점수 90-100	단순한 사회적 상황에서 복잡하지 않은 의사소통 과제를 제한된 수만 처리할 수 있고 기본적인 개인 정보(일상 활동, 선호도)와 당면한 필요 같은 구체적이고 예측 가능한 주제가 포함된다. 의견을 표현할 수는 있지만 설명하는 데 어려움을 겪기도 한다. 단순하고 직접적이며 예측 가능한 요청에는 답변할 수 있지만 복잡한 요청에는 어려움을 겪는다. • 의견을 진술한다. (의견을 뒷받침하는 진술이나 자세한 설명은 최소한으로 제한된다.) • 잦은 머뭇거림이나 부정확성으로 인해 일부 의사 표현에 어려움을 겪는다. • 익숙한 주제에 대해서는 학습한 어구를 사용한다. • 진술은 짧고 문장들 사이에 흐름이 이어지지 않는다. • 단어 및 구의 발음에 모국어의 영향이 강하게 남아 있다.
NOVICE HIGH 세부 점수 60-80	단순한 사회적 상황에서 친숙하고 예측 가능한 주제에 관해 간단한 의사소통 과제를 수행할 수 있다. 여기에는 친숙한 주제에 대해 의견을 제시하거나 간단하고 단도직입적인 요청에 답변하는 과제가 포함된다. 복잡한 요청에 대해 답변할 때는 많은 제약이 따른다. • 의견을 진술한다. (의견을 뒷받침하는 진술이나 자세한 설명은 없다.) • 잦은 머뭇거림이나 부정확성으로 인해 의사 표현에 어려움을 겪는다. • 익숙한 주제에 대해서는 학습한 어구를 사용한다. • (단순한 과제에 대해) 짧거나 불완전한 문장으로 발화해 귀 기울여 듣고 있는 청자라면 의미를 대강 이해할 수 있는 수준이다.
NOVICE MID / LOW 세부 점수 0-50	**Novice Mid** 대체로 어휘나 암기한 구를 사용해 의사소통이 가능하지만 어휘나 구의 흐름이 단절된다. • 몇 개의 단어나 암기한 구를 사용해 단도직입적인 질문에 답변한다. • (단순한 과제에 대해) 귀 기울여 듣고 있는 청자라도 이해하기에 어려움이 많다. **Novice Low** 언어에 관한 이해나 발음 능력에 제약이 있어 의사소통 역량이 극도로 제한된다. • 암기한 단어나 구를 사용해 자신을 소개한다. • 암기한 단어들을 사용해 익숙한 사람, 장소 또는 사물의 이름을 말한다.

6 TOEIC® Speaking Test 점수 환산법

등급	세부 점수	Question 11	Questions 8-10/5-7	Questions 3-4/1-2
Advanced High	200	5점	모두 혹은 거의 모두 3점	모두 혹은 거의 모두 3점
Advanced Mid	180-190	4점	절반 이상이 3점	모두 혹은 거의 모두 3점
Advanced Low	160-170	3점	모두 2점 혹은 그 이상	대부분 3점
Intermediate High	140-150	3점	대부분 2점/일부 3점 대부분 2점/일부 1점	대부분 2점
Intermediate Mid	110-130	2점 혹은 3점	일부 2점/일부 1점	일부 2점/일부 1점
Intermediate Low	90-100	2점	대부분 1점	일부 2점/일부 1점
Novice High	60-80	1점 혹은 2점	대부분 1점이거나 무응답	대부분 1점
Novice Mid / Low	0-50	무응답이거나 주제에서 벗어남	무응답이거나 주제에서 벗어남	무응답이거나 주제에서 벗어남

TOEIC Speaking Test는 난이도가 낮은 유형보다 높은 유형에 대한 응답이 전체 점수에 더 큰 영향을 줍니다. 따라서 가중치가 높아 총점에 영향을 많이 주는 Question 11부터 역순으로 표에 제시하였습니다. 각 점수가 나타내는 것은 채점용 점수이며 제시된 점수들의 수는 해당 유형 안에서 몇 문제나 그 점수를 받았는지를 나타냅니다.

> 예 세부 점수 200의 경우: Question 11은 5점, Questions 5-10 중 모든 문제 혹은 거의 모든 문제가 3점, Questions 1-4중 모든 문제 혹은 거의 모든 문제에서 3점을 받은 것입니다.

이 책은 Advanced Low 목표 학습자를 위한 모범답변을 제공합니다

영어 실력이 부족해도 Advanced Low를 받을 수 있습니다. 실제 Advanced Low 수험자의 답변은 때때로 내용면(예: 질문에 정확한 대답)이나 전달면(예: 적절한 억양, 강세, 발음)에서 결함이나 오류가 있지만, 이 책에서는 학습자의 편의를 위해 최대한 쉽고 간결하면서도 오류가 없는 문장을 사용했고, 녹음도 원어민의 음성으로 녹음했습니다. Advanced Low를 달성하기 위해서는 다양한 답변 방식이 있을 수 있습니다.

학습 플랜

2 주 완성

단기간 2주 집중 학습으로 끝내는 마스터 플랜!
영어 스피킹 실력이 초·중급이며, 2주 후에 토익 스피킹 시험을 앞두고 있는 수험자에게 적합한 플랜입니다.

Day 01	Day 02	Day 03	Day 04	Day 05	Day 06	Day 07
PART 1 기초 다지기 전략 파악하기 기출로 훈련하기	PART 1 기출로 훈련하기 Actual Test 지문 유형별 빈출 문장	PART 2 기초 다지기 전략 파악하기 기출로 훈련하기	PART 2 기출로 훈련하기 Actual Test 사진 유형별 필수 답변 표현	PART 3 기초 다지기 전략 파악하기 기출로 훈련하기	PART 3 기출로 훈련하기 Actual Test 주제별 핵심 답변 문장	PART 1-3 복습

Day 08	Day 09	Day 10	Day 11	Day 12	Day 13	Day 14
PART 4 기초 다지기 전략 파악하기 기출로 훈련하기	PART 4 기출로 훈련하기 Actual Test 주제별 필수 답변 문장	PART 5 기초 다지기 전략 파악하기 기출로 훈련하기	PART 5 기출로 훈련하기 Actual Test 주제별 핵심 답변 표현	PART 4, 5 복습	기출 실전 테스트 1-3회	**TOEIC SPEAKING** 시험 당일

4 주 완성

차근차근 실력을 제대로 쌓아가는 마스터 플랜!
영어 스피킹 실력이 초급이며, 4주 후에 토익 스피킹 시험을 앞두고 있는 수험자에게 적합한 플랜입니다.

Day 01	Day 02	Day 03	Day 04	Day 05	Day 06	Day 07
말하기 꿀팁 1~5	말하기 꿀팁 6~10	말하기 꿀팁 11~15	말하기 꿀팁 16~20	PART 1 기초 다지기 전략 파악하기	PART 1 기출로 훈련하기	PART 1 Actual Test 지문 유형별 빈출 문장

Day 08	Day 09	Day 10	Day 11	Day 12	Day 13	Day 14
PART 2 기초 다지기 전략 파악하기	PART 2 기출로 훈련하기	PART 2 Actual Test 사진 유형별 필수 답변 표현	PART 1, 2 복습	PART 3 기초 다지기 전략 파악하기	PART 3 기출로 훈련하기	PART 3 Actual Test 주제별 핵심 답변 문장

Day 15	Day 16	Day 17	Day 18	Day 19	Day 20	Day 21
PART 4 기초 다지기 전략 파악하기	PART 4 기출로 훈련하기	PART 4 Actual Test 주제별 필수 답변 문장	PART 3, 4 복습	PART 5 기초 다지기 전략 파악하기	PART 5 기출로 훈련하기	PART 5 Actual Test 주제별 핵심 답변 표현

Day 22	Day 23	Day 24	Day 25	Day 26	Day 27	Day 28
PART 5 복습	기출 실전 테스트 1회	기출 실전 테스트 2회	기출 실전 테스트 3회	PART 1~5 Actual Test 복습	기출 실전 테스트 1~3회 복습	**TOEIC SPEAKING** 시험 당일

기출 실전 테스트 3회분을 ETS의 TOEIC Speaking Test와 100% 동일한 환경에서 연습할 수 있습니다.
크롬(Chrome), 사파리(Safari), 파이어폭스(FireFox) 웹 브라우저를 이용해 위 사이트에 접속한 후, 이 교재를
검색하여 도서 소개 부분에 있는 이미지 링크를 클릭해 들어가세요. 테스트를 하려면 마이크가 장착된 헤드셋을 준비해야
합니다. 본인이 녹음한 답변은 웹 테스트를 마친 후 다시 들어 볼 수 있으며, 웹 브라우저를 닫으면 저장되지 않고
사라지므로 유의하시기 바랍니다.

1 온라인 실전테스트 인증

테스트를 시작하려면 인증 절차를 거쳐야 합니다. 왼쪽과 같은 초기
화면이 나오면, START 버튼을 클릭하세요. 몇 페이지 몇 행의 어떤
단어를 입력해 넣으라는 메시지에 해당 단어를 타이핑하세요. 인증 후
테스트를 시작할 수 있습니다.

2 Home 화면, 실전테스트 시작하기

총 3회분의 테스트가 준비되어 있습니다. 원하는 테스트 번호를 클릭하여
들어가면 해당 시험을 시작할 수 있습니다.

3 헤드셋 및 마이크 점검

본격적으로 테스트가 시작되기 전에 헤드셋 점검을 합니다. 사운드가
잘 들리는지, 마이크가 제대로 작동하는지, 본인의 목소리가 녹음되는지
확인하세요.

4 테스트 후 녹음 확인

테스트가 다 끝난 후에는 Home 버튼을 클릭하여 Home 화면으로
돌아가세요. 화면 하단의 '답변 듣기' 버튼을 누르면 본인이 녹음한
답변을 들어 볼 수 있습니다. 더불어 ETS가 제공한 모범 답변도 들을 수
있습니다.

5 온라인 테스트 관련 문의

온라인 테스트가 기술적인 문제로 잘 작동하지 않을 시 초기 화면의 우측
상단에 있는 'Q & A' 버튼을 눌러 문제점을 작성해주세요.

※ 인터넷 접속 환경에서 가능합니다. 책 발행 시점부터 5년까지 온라인 테스트를 이용할 수 있습니다.
스마트폰으로는 이용하실 수 없고, 컴퓨터로만 이용 가능합니다.

동영상 답변 훈련 활용법

본문 중 가장 핵심 부분인 <기출로 훈련하기> 답변 말하기 훈련을 동영상으로 제공합니다. 각 페이지 상단의 QR 코드를 통해 접속하셔서 답변이 입에 붙도록 큰소리로 연습해 보세요.

1 QR 코드 인식하기

스마트폰을 이용해 <기출로 훈련하기>의 각 페이지 상단에 있는 QR 코드를 인식하여 접속하세요.

2 답변 말하기 훈련 시작하기

영상을 보며 실제로 소리 내어 답변을 말해 보는 훈련입니다. 큰 소리로 연습할 준비 되셨나요?

3 영어로 답변 완성하여 말해 보기

주어진 사진이나 질문에 한 문장씩 영어로 답해 보세요. 주어진 우리말을 참고로 문장을 완성하여 말하세요.

4 답변 따라 하기

제시된 영어 답변 문장을 듣고 따라 말해 보세요. 답변 문장은 두 번씩 들려드립니다.

5 전체 답변 스스로 말해 보기

한 문장씩 말하기 연습이 끝나면 전체 답변을 스스로 말해 보세요. 실제 시험과 같은 시간이 주어집니다.

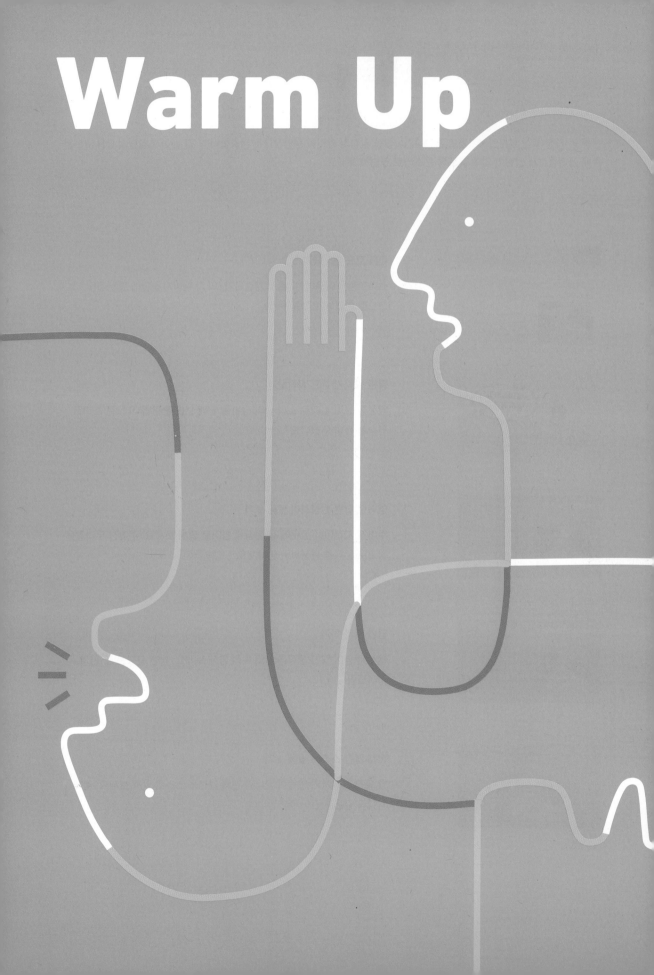

Warm Up

초급자들이 꼭
알아 두어야 할
말하기 꿀팁!

주어와 동사는 한 쌍! 서로 일치시켜 주세요.

몇몇 학생들이 학교에 가고 있습니다.

· A few students **is** going to school. (✕)

↓

· A few students **are** going to school. (○)

 이래서 헷갈려요!

위의 예문은 A few로 시작해서 헷갈릴 수 있지만 students가 복수형이므로 동사는 is가 아니라 are가 와야 합니다. There is ~, There are ~ 구문을 쓸 때도 뒤에 나오는 명사의 수에 맞춰서 is를 쓸지 are를 쓸지 결정합니다. 주어가 3인칭 단수이면서 현재시제일 때 be동사는 is, 일반동사는 '동사원형＋-s／-es'형태로 변해야 한다는 것도 잊지 마세요!

 말해 보세요!

• 기차에 많은 **승객들이** 있습니다.	There **are** a lot of **passengers** on the train.
• **내 친구는** 유창하게 영어를 말하기를 **원합니다.**	**My friend wants** to speak English fluently.
• 이유들 중 **하나는** 자동차가 너무 비싸다는 **것입니다.**	**One** of the reasons **is** that cars are too expensive.

CHECK UP 주어진 동사를 알맞은 형태로 바꾸어 문장을 말해 보세요. 🎧 **Warm Up_01/** 해설집 p.2

1 우리나라는 대부분의 고등학교 **학생들이** 교복을 **입습니다.**
In my country, most high school students _____ a school uniform. (wear)

2 카운터에 서 있는 **손님들이** 있습니다.
There _____ customers standing at the counter. (be)

3 그는 매일 12시에 점심을 **먹습니다.**
He _____ lunch at noon every day. (have)

a를 쓸까, the를 쓸까?

사람들이 테이블 주변에 앉아 있습니다. 그 테이블은 식탁보로 덮여 있습니다.

- People are sitting around the table. A table is covered with a tablecloth. (×)

- People are sitting around a table. The table is covered with a tablecloth. (○)

 이래서 헷갈려요!

명사 앞에 a/an(부정관사)을 쓸지, the(정관사)를 쓸지 고민될 때가 많습니다. 문장 속에서 처음으로 언급되거나 막연한 것을 지칭하는 명사 앞에는 a/an을 붙이고, 앞에서 이미 언급됐거나 듣는 사람이 무엇을 지칭하는지 아는 명사 앞에는 the를 씁니다. 그리고 고유명사, 스포츠명, 식사 이름, 사람 이름 앞에는 a/an이나 the를 쓰지 않는다는 것을 기억하세요.

 말해 보세요!

- 그것은 **직업**을 구하기에 **중요한 기술**입니다.   It is **an** important skill for getting **a** job.

- **그 서점**은 아침 8시에 문을 엽니다.   **The** bookstore opens at 8 A.M.

- 몇몇 아이들이 **축구**를 하고 있습니다.   Some children are playing football.

CHECK UP 빈칸에 알맞은 관사를 넣어 완성하여 말해 보세요.   🎧 **Warm Up_02 /** 해설집 p.2

1 저는 매일 아침 7시에 **테니스**를 칩니다.
   I play _____ tennis at 7 every morning.

2 가운데 있는 **그 남자**는 빨간 재킷을 입고 있습니다.
   _____ man in the middle is wearing a red jacket.

3 제가 더 저렴한 **호텔**을 찾았습니다. **그 호텔**로 바꿉시다.
   I found _____ cheaper hotel. Let's switch to _____ hotel.

형용사를 쓸까? 부사를 쓸까?

가운데 있는 여자는 행복하게 보입니다.

· The woman in the middle looks happily. (×)

⬇

· The woman in the middle looks happy. (○)

 이래서 헷갈려요!

우리말로 '~하게'라고 해석되는 품사는 '부사'입니다. 그런데 look(~하게 보이다), smell(냄새가 ~하게 나다), feel(~하게 느끼다), become(~하게 되다, ~해지다), get(~한 상태가 되다), seem(~인 것 같다), sound(~하게 들리다) 등의 2형식 동사 뒤에 오는 형용사는 '~하게' 또는 '~하다'라고 해석됩니다. 이때 부사처럼 해석된다고 해서 부사를 쓰지 않도록 조심해야 합니다.

 말해 보세요!

· 그녀는 **유명하게** 되었습니다.   She became **famous**.

· 그의 계획은 **완벽하게** 들립니다.   His plan sounds **perfect**.

· 나는 음악을 들을 때 기분이 **좋습니다**.   I feel **good** when I listen to music.

CHECK UP 주어진 우리말 힌트를 참고하여 문장을 완성해서 말해 보세요.   🎧 **Warm Up_03** / 해설집 p.2

1 이 상품 때문에 내가 **특별하게 느껴집니다**.
   This product makes me _____.

2 초반의 30분이 지나면 영화가 **더 재미있어집니다**.
   The movie _____ after the first 30 minutes.

3 그는 컴퓨터 앞에서 **심각해 보입니다**.
   He _____ at the computer.

'~에게'라고 무조건 to를 붙이면 곤란해요.

아버지께서 제게 운전을 가르쳐 주셨습니다.

- **My father** taught to me **how to drive.** (×)

  ↓

- **My father** taught me **how to drive.** (○)

 이래서 헷갈려요!

동사 teach는 '~에게 …을 가르치다'라는 뜻이므로 me 앞에 to(~에게)라는 전치사를 붙일 필요가 없습니다. 이러한 4형식 동사로는 give(~에게 …을 주다), send(~에게 …을 보내다), tell(~에게 …을 말하다), ask(~에게 …을 묻다) 등이 있습니다. 단, 직접목적어(…을)가 동사 바로 뒤에 올 경우에는 간접목적어(~에게) 앞에 전치사가 필요하다는 것에 주의하세요.

 말해 보세요!

- 그 문제에 대해 **제게** 조언을 **주십시오.** You could give me some advice on the issue.
- 제 매니저가 서류를 **제게 주었습니다.** My manager gave the document to me.
- 그는 **제게** 이메일을 **보냈습니다.** He sent me an e-mail.
- 당신은 **제게** 무엇을 해야 할지 **말씀하셨습니다.** You told me what to do.

CHECK UP 주어진 우리말 힌트를 참고하여 문장을 완성해서 말해 보세요.

🎧 Warm Up_04 / 해설집 p.2

1 제가 **당신에게** 더 자세한 내용을 이메일로 **보내드리겠습니다.**
   I'll _____ more details by e-mail.

2 그는 **제게** 다시는 늦지 않겠다고 **말했습니다.**
   He _____ that he wouldn't be late again.

3 그녀는 **내게** 그녀가 어제 산 책을 **주었습니다.**
   She _____ the book she bought yesterday.

조동사를 잘 써야 문장이 산다!

당신의 개인정보를 드러내는 것은 위험할 수 있습니다.

- **It can dangerous to reveal your personal information. (×)**

↓

- **It can be dangerous to reveal your personal information. (○)**

 이래서 헷갈려요!

조동사는 말 그대로 동사를 도와주는 단어입니다. will(~할 것이다), can(~할 수 있다), have to(~해야 한다), should(~해야 한다, ~하는 것이 좋다), must(~해야만 한다, ~임에 틀림없다) 등의 조동사를 잘 활용하면 동사의 의미를 살릴 수 있습니다. 조동사 뒤에는 반드시 동사원형이 와야 하며, 위의 예문처럼 형용사의 의미만 생각한 나머지 be동사를 빠뜨리는 실수를 피해야 합니다.

 말해 보세요!

- 그가 내일 제 사무실로 **올 것입니다.** He **will come** to my office tomorrow.
- 가능한 한 빨리 세미나에 **등록해야 합니다.** You **have to register** for the seminar as soon as possible.
- 밤에 동영상 강의를 **들어야 합니다.** You **should take** an online class at night.
- 그는 영어 원어민**임에 틀림없습니다.** He **must be** a native English speaker.

CHECK UP 주어진 동사를 활용하여 우리말 문장에 맞게 문장을 말해 보세요. 🎧 **Warm Up_05/** 해설집 p.2

1 품질이 좋은 유기농 재료를 **고를 수 있습니다.**
   You _____ high-quality organic ingredients. (choose)

2 접수를 위해 8시 30분까지 그곳으로 **오셔야 합니다.**
   You _____ there by 8:30 for registration. (be)

3 내일 세미나에 약 50명의 손님이 **오실 겁니다.**
   There _____ about 50 guests coming to the seminar tomorrow. (be)

지금 하고 있는 중이라면 'be동사 + -ing'로!

그녀는 지금 온라인으로 쇼핑하고 있습니다.

· She shops online now. (×)

↓

· She is shopping online now. (○)

 이래서 헷갈려요!

상태를 묘사하거나, 일반적으로 반복되는 행동을 묘사할 때는 동사의 현재시제를 씁니다. 그러나 현재 일어나고 있는 상황을 묘사할 때는 현재진행형을 사용합니다. 현재진행형 시제는 'be동사 + -ing' 형태로 쓰며, 이때 be동사는 주어의 수와 일치시켜야 한다는 것도 잊지 마세요.

 말해 보세요!

- Brown 씨는 일주일에 한 번 정도 사진을 **찍습니다.**   Mr. Brown takes pictures about once a week.
- 한 여자가 지금 사진을 **찍고 있는 중입니다.**   A woman is taking a picture now.
- 저는 학교에 갈 때 이 버스를 **기다립니다.**   I wait for this bus when I go to school.
- 저희 직원들이 당신의 결정을 **기다리고 있습니다.**   My staff members are waiting for your decision.

CHECK UP   주어진 동사를 알맞은 형태로 바꾸어 문장을 말해 보세요.   🎧 **Warm Up_06/** 해설집 p.2

1   그녀는 현재 **통화 중입니다.**
   She _____ on the phone now. (talk)

2   관객들이 **손뼉을 치고 있습니다.**
   The audience _____ their hands. (clap)

3   그는 면접을 준비하기 위해 시사 뉴스에 관해 **읽습니다.**
   He _____ about current issues to prepare for job interviews. (read)

'하는 것'과 '되는 것'은 다르다!

공지사항이 지난주 벽보에 붙었습니다.

- **The notice** posted **on the board last week.** (×)

   ↓

- **The notice** was posted **on the board last week.** (○)

 이래서 헷갈려요!

위의 예문에서 쓰인 동사 post는 '~을 붙이다'라는 뜻입니다. '공지사항(notice)'은 벽보에 스스로 붙는 것이 아니라 붙여지는 것이므로 동사는 'be동사+과거분사'의 수동형이 되어야 하죠. 이와 같이 주어가 '~하다'가 아니라 '~되다'와 같은 상황을 나타낼 때에는 수동태 문장으로 말해야 합니다.

 말해 보세요!

• 새 직원이 매니저에 의해 **채용되었습니다**.	The new employee was hired by the manager.
• 임대료가 다음 주에 **지불될** 것입니다.	The rent will be paid next week.
• 할인 쿠폰이 제게 **주어지지 않았습니다**.	The coupons were not offered to me.

CHECK UP 주어진 동사를 알맞은 형태로 바꾸어 문장을 말해 보세요.　　　🎧 **Warm Up_07/** 해설집 p.2

1 프레젠테이션이 Brown 박사님에 의해 **진행될** 것입니다.
   The presentation will _____ by Dr. Brown. (give)

2 과일들이 가판대에 **진열되어 있습니다**.
   Fruits _____ on the stand. (display)

3 모든 테이블이 분홍색 테이블보로 **덮여 있습니다**.
   All of the tables _____ with pink tablecloths. (cover)

have가 '가지다'가 아니라고?

저는 미국에 한 번 가봤습니다.

- I went to America once. (×)

↓

- I have been to America once. (○)

 이래서 헷갈려요!

yesterday, last week 등의 표현을 쓰면서 과거의 특정 시점에 대해 말할 때는 과거형 동사를 씁니다. 그러나 과거의 특정한 시점이 아니라 '~한 적이 있다', '~해오고 있다', '방금 막 ~했다', '~한 상태이다'의 뜻으로 말할 때는 '주어+have/has+과거분사'의 현재완료 시제를 사용해야 합니다. 이때 have/has는 시제를 나타내기 위한 역할을 할 뿐, '가지다'라는 일반동사가 아니라는 점에 유의하세요.

 말해 보세요!

- 나는 어제 부모님을 **방문했습니다**.   I **visited** my parents yesterday.
- 저는 그 영화를 **본 적이 없습니다**.   I **have never seen** the movie.
- 열차가 방금 역을 **떠났습니다**.   The train **has** just **left** the station.

CHECK UP   주어진 동사를 알맞은 형태로 바꾸어 문장을 말해 보세요.   🎧 **Warm Up_08/** 해설집 p.2

1   그 식당이 어제 **문을 열었습니다**.
    The restaurant _____ yesterday. (open)

2   소포가 아직 **배송되지 않은 상태입니다**.
    The packages _____ yet. (be delivered)

3   저희는 지난달에 고객들로부터 많은 불만을 **받았습니다**.
    We _____ a lot of complaints from customers last month. (have)

동사의 의미를 명사처럼 쓰려면?

저는 중국어 말하기에 능숙하지 못합니다.

- I'm not good at speak Chinese. (×)

  ↓

- I'm not good at speaking Chinese. (○)

 이래서 헷갈려요!

전치사 뒤에는 동사가 바로 올 수 없기 때문에 동사를 명사 형태로 바꿔서 말해야 합니다. 우리말로도
'말하다에 능숙하지 못하다'라고 얘기하면 틀린 문장이죠. 동사원형에 -ing를 붙인 동명사는 문장 안에서
주어, 목적어, 보어로 사용될 수 있습니다.

 말해 보세요!

- 이메일을 **보내는 것**이 그의 일입니다.
- 제 일은 고객들을 **상대하는 것**입니다.
- 그는 작년에 **담배**를 끊었습니다.
- 그들은 회의 **참석하는 것**에 관심 있습니다.

Sending e-mails is his job.

My job is dealing with customers.

He quit smoking last year.

They are interested in attending the conference.

CHECK UP 주어진 동사를 알맞은 형태로 바꾸어 문장을 말해 보세요. 🎧 **Warm Up_09/** 해설집 p.2

1 저는 대중 앞에서 **말하는 것**이 두렵습니다.
   I'm afraid of _____ in public. (speak)

2 저는 쇼핑하는 것보다 **여행하는 것**을 더 좋아합니다.
   I like _____ more than shopping. (travel)

3 그 회사에 관한 정보를 **모으는 것**은 매우 중요합니다.
   _____ information on the company is very important. (gather)

아무 때나 more를 넣지 마세요.

그것은 기대했던 것보다 더 저렴합니다.

· It is more cheap than I expected. (×)

↓

· It is cheaper than I expected. (○)

 이래서 헷갈려요!

'더욱 ~한/~하게'를 뜻하는 비교급은 일반적으로 형용사나 부사에 '-er'을 붙입니다. 단, 형용사나 부사가 2음절 이상일 때는 앞에 more를 넣어 말해야 하는데, 위 예문의 cheap처럼 2음절 이상의 단어가 아닌데도 more를 넣는 실수를 하곤 합니다. 마찬가지로 '가장 ~한'을 뜻하는 최상급도 2음절 이상의 단어에만 most를 붙이는 것이니, more와 most를 아무 때나 넣지 않도록 조심하세요.

 말해 보세요!

- 경력자는 신입사원보다 **더 빠르게** 일합니다.

  Experienced workers work **faster** than new employees.

- 다른 사람들과 일하는 것은 혼자 일하는 것보다 **더욱 효과적**입니다.

  Working with other people is **more effective** than working alone.

- 오늘이 제 인생의 **최고의** 날입니다.

  This is **the greatest** day of my life.

CHECK UP 주어진 형용사를 알맞은 형태로 바꾸어 문장을 말해 보세요. 🎧 **Warm Up_10** / 해설집 p.3

1   새 회의실은 이전 것보다 **더 큽니다**.
    The new conference room is _____ than the old one. (big)

2   저희는 내일 **더 재미있는** 소식과 함께 돌아오겠습니다.
    We will be back with _____ news tomorrow. (interesting)

3   외국어를 구사하는 것이 이 직업을 위한 **최고의** 자격 조건입니다.
    Speaking a foreign language is _____ qualification for this job. (good)

문장을 세련되게 늘리기

선글라스를 낀 한 남자가 보입니다.

· I can see a man wears sunglasses. (×)

↓

· I can see a man wearing sunglasses. (○)

 이래서 헷갈려요!

동사가 뒤에서 명사를 수식할 때는 동사를 -ing 또는 -ed의 분사형태로 만들어야 합니다. 수식하는
명사와의 관계가 능동일 때는 -ing형을, 수동의 관계일 때는 -ed형의 분사로 연결합니다. 위의 예문과 같이
현재분사(wearing)를 쓰면 "I can see a man. He is wearing sunglasses."라고 두 문장으로 말하지
않고 문장을 세련되게 늘릴 수 있습니다.

 말해 보세요!

• 저는 창문 옆에서 피아노를 **치고 있는** 여자를 압니다.	I know the woman **playing** the piano by the window.
• 빨간 스웨터를 **입은** 남자가 컴퓨터로 일하고 있습니다.	The man **wearing** a red sweater is working on the computer.
• 책장에 **정렬되어 있는** 책들이 많습니다.	There are a lot of books **arranged** on the bookshelves.

CHECK UP 주어진 동사를 알맞은 형태로 바꾸어 문장을 말해 보세요. 🎧 **Warm Up_11/** 해설집 p.3

1 이곳은 1920년에 **지어진** 식당입니다.
This is the restaurant _____ in 1920. (build)

2 야구를 **하고 있는** 몇몇 학생들이 보입니다.
I can see some students _____ baseball. (play)

3 그녀는 가판대에 **진열된** 꽃들을 보고 있습니다.
She is looking at flowers _____ on the stand. (display)

접속사 앞뒤의 균형을 맞추세요.

아이들이 유니폼을 입고 축구를 하고 있습니다.

· The children are wearing uniforms and play soccer. (×)

↓

· The children are wearing uniforms and playing soccer. (○)

 이래서 헷갈려요!

등위접속사 and와 or는 앞에 나온 단어의 형태에 따라 그 뒤의 단어를 같은 형태로 연결해야 합니다.
명사는 명사끼리, 동사원형은 동사원형끼리, 동명사는 동명사끼리 말이죠. 위의 예문에서는 and 앞에서
현재진행형(wearing)으로 말했기 때문에 play가 아니라 playing이 되어야 합니다.

 말해 보세요!

• 저는 주로 온라인으로 **주문하고**, 할인을 **받습니다**.   I usually <u>order</u> things online **and** <u>get</u> a discount.

• 좋은 식당에 **가서** 저녁을 **먹고** 싶은 기분이 듭니다.   I feel like <u>going</u> to a nice restaurant **and** <u>having</u> dinner.

• 그들은 **요리를 하거나** 집을 **청소할** 필요가 없습니다.   They don't need to <u>cook</u> **or** <u>clean</u> their houses.

CHECK UP   빈칸에 알맞은 등위접속사와 표현을 넣어 문장을 말해 보세요.   🎧 **Warm Up_12** / 해설집 p.3

1   각 방은 전화기**와 인터넷** 연결이 갖춰져 있습니다.
   Each room is equipped with a telephone _____ connection.

2   그는 파란 셔츠를 입고 책을 **읽고** 있습니다.
   He is wearing a blue shirt _____ a book.

3   전액 환불을 해드리**거나** 새 제품으로 **교환해** 드리겠습니다.
   I can offer you a full refund _____ it for a new product.

두 개의 문장을 연결하려면 이렇게!

우리는 영어를 할 수 있는 직원이 필요합니다.

· We need an employee can speak English. (×)

↓

· We need an employee who can speak English. (○)

 이래서 헷갈려요!

"We need an employee."와 "The employee can speak English."이 두 문장을 하나로 합쳐서 말하려면 employee가 중복됩니다. 그렇다고 employee를 빼고 두 문장을 붙이기만 하면 되는 것이 아닙니다. '관계대명사'라는 연결고리가 필요한데요, '~하는 사람'이라는 뜻으로 사람을 꾸며줄 때는 관계대명사 who/that을 쓰고, 사물을 꾸며줄 때는 관계대명사 which/that을 쓴다는 점에 유의하세요.

 말해 보세요!

· **노점상처럼 보이는** 남자가 고객에게 돈을 건네주고 있습니다.

The man **who** looks like a vendor is handing money to a customer.

· 우리는 **예전 것보다 빠른** 새 프린터를 샀습니다.

We bought a new printer **which** is faster than the old one.

· 이것은 **어제 제가 산** 책입니다.

This is the book **that** I bought yesterday.

CHECK UP   주어진 단어를 활용하여 빈칸을 완성하여 말해 보세요.   🎧 **Warm Up_13/** 해설집 p.3

1   아이를 안고 있는 여자가 무척 행복해 보입니다.
    _____ a baby in her arms looks very happy. (The woman, hold)

2   오늘 아침에 **당신이** 제게 **보낸 메시지**를 받았습니다.
    I got _____ me this morning. (the message, send)

3   저는 **영어 선생님인 친구**가 있습니다.
    I have _____. (a friend, an English teacher)

의미가 같아도 바꿔 쓸 수 없는 단어

저는 미국에 머무는 동안 영어를 배웠습니다.

· I learned English during I stayed in America. (×)

↓

· I learned English while I stayed in America. (○)

 이래서 헷갈려요!

during과 while은 '~하는 동안'이라는 같은 뜻을 지녔지만 during은 전치사이기 때문에 뒤에 문장이 올 수 없습니다. 이와 같이 쓰임이 다른 단어들을 잘 알아두어야 합니다. '실수를 하다'는 do a mistake가 아니라 make a mistake이며, most(대부분, 대부분의)는 형용사나 명사로 쓰이지만 almost(거의)는 부사로 쓰입니다. 그리고 find는 '발견하다'라는 뜻으로 찾은 상태를 나타내고, look for는 '찾고 있다'는 뜻의 동작을 의미합니다.

 말해 보세요!

· 실수를 **하게 되어** 죄송합니다.
I'm sorry that I made a mistake.
                 did (×)

· 사진 속 **대부분의** 사람들이 박수를 치고 있습니다.
Most people in this picture are clapping their hands.
Almost (×)

· 저는 요즘 직장을 **찾는** 중입니다.
I'm looking for a job these days.
    finding (×)

CHECK UP   빈칸에 알맞은 단어를 넣어 문장을 말해 보세요.   Warm Up_14 / 해설집 p.3

1   제 조수가 실수를 **했다고** 여겨집니다.
    I guess my assistant _____ a mistake.

2   저는 최고의 직업을 **찾았습니다**.
    I've _____ the best job for me.

3   **거의** 모든 사람들이 아침 9시부터 저녁 6시까지 일합니다.
    _____ all people work from 9 A.M. to 6 P.M.

내가 갈까? 네가 갈까?

당신이 그곳에 가기를 원합니다.

· **I want you** go **there.** (×)

↓

· **I want you** to go **there.** (○)

 이래서 헷갈려요!

동사 want의 목적어 you를 설명하기 위한 보충어를 사용할 때, 동사 go를 바로 쓰게 되면, 한 문장 안에 동사가 두 개(want, go)가 있어 틀린 문장입니다. 내가 go하는 것이 아니라, 나는 원하고(want), 목적어인 당신(you)이 go하는 것이므로 to go를 사용해야 합니다.

 말해 보세요!

· 나는 당신이 **진실을 말하기를** 원합니다.   I would like you **to tell the truth**.

· 당신은 제게 아이디어를 **내보라고** 부탁하셨습니다.   You asked me **to come up with** some ideas.

· 나는 그에게 그 서비스를 **이용하지 말라고** 말했습니다. I told him **not to use** the service.

CHECK UP   빈칸에 알맞은 단어를 넣어 문장을 말해 보세요.   🎧 **Warm Up_15** / 해설집 p.3

1   매니저는 직원에게 회의를 **준비하도록** 말했습니다.
    The manager told his staff _____ for the meeting.

2   나는 그에게 이것을 **처리하라고** 요청했습니다.
    I asked him _____ of this.

3   나는 세미나 전에 그들이 **바닥을 청소하기를** 원합니다.
    I want them _____ before the seminar.

동사의 시제는 정확하게!

저는 어제 도서관에서 영어를 공부했습니다.

· I study English in the library yesterday. (×)

⬇

· I studied English in the library yesterday. (○)

 이래서 헷갈려요!

문장 속 동사는 시간을 나타내는 부사와 일치하는 시제로 정확하게 표현해 주어야 합니다. 항상 하는 일이나 사실을 말할 때는 '현재', 과거의 특정 시점에 한 동작에 대해 말할 때는 '과거', 앞으로 일어날 동작이나 계획들은 '미래'를 써야 합니다.

 말해 보세요!

· 그녀는 지난 토요일 나를 위해 **요리를 해주었습니다**.	She cooked for me last Saturday.
· 나는 어릴 때 보통 아침 8시에 **일어났습니다**.	I usually got up at 8 A.M. when I was young.
· 나는 매일 아침 택시를 **탑니다**.	I take a taxi every morning.
· 나는 내년에 미국에 **갈 것입니다**.	I will go to America next year.

CHECK UP 주어진 동사를 알맞은 시제로 바꾸어 문장을 말해 보세요.   🎧 **Warm Up_16**/ 해설집 p.3

1   저는 오늘 귀사로부터 청구서를 **받았습니다**.
    I _____ my bill from your company today. (receive)

2   저희는 내일 회의에서 그의 계획을 **들을 것입니다**.
    We _____ his plan at the meeting tomorrow. (listen to)

3   제 아이는 음악 수업을 **좋아합니다**.
    My child _____ music classes. (like)

말하기 꿀팁 17

what의 또 다른 얼굴

저는 주문한 것을 받지 못했습니다.

· I didn't get that I ordered. (×)

↓

· I didn't get what I ordered. (○)

 이래서 헷갈려요!

what은 의문문에서 '무엇'이라는 뜻이지만, 문장과 문장 사이의 what은 두 문장을 연결하며, "~라는 것, ~인 것'으로 해석되는 관계사가 됩니다. 예문에서 동사 get은 무엇을 받는지 목적어가 필요한데, that I ordered는 '내가 주문했다'는 절이 될 뿐이고, 앞에 다른 명사가 필요합니다. 그러나, what을 사용하면 what I ordered(내가 주문한 것) 라는 말을 만들어 동사 get의 목적어가 됩니다.

 말해 보세요!

• 저는 당신이 **추천하셨던** 책을 샀습니다.	I bought a book that you recommended.
• 저는 당신이 **추천하셨던 것**을 샀습니다.	I bought what you recommended.
• 이것은 제가 그에게 **말한 것**이 아닙니다.	This is not what I told him.

CHECK UP 빈칸에 알맞은 단어를 넣고 문장을 말해 보세요. 🎧 **Warm Up_17/** 해설집 p.3

1 당신이 **추천하셨던** 책이 마음에 들었습니다.
   I liked the book ＿＿＿＿＿＿＿ you recommended.

2 그것은 어제 우리가 **논의했던 것**입니다.
   It is ＿＿＿＿＿＿＿ we discussed yesterday.

3 저는 그저 최선을 다했고, 그것이 저희 부모님이 제게 **말씀하신 것**이었습니다.
   I just did my best and it was ＿＿＿＿＿＿＿ my parents told me.

부사절 붙여 더 길게 말하기!

저는 주로 인터넷을 검색합니다. + 집에 있을 때

· I usually surf the Internet.

↓

· I usually surf the Internet when I am at home.

 이래서 헷갈려요!

다양한 부사절을 이용하여 추가 문장을 만들 수 있습니다. 적절한 부사절 접속사를 이용하면 문장을 이해하기 쉽고, 풍부하게 만듭니다.

 말해 보세요!

- 저는 지난달에 일본에 갔었습니다. 언니가 거기서 결혼을 했기 **때문**입니다.

  I went to Japan last month because my sister got married there.

- 이것에 만족하지 못**한다면**, 언제든지 저희 가게로 오십시오.

  If you are not satisfied with this, please come to my store anytime.

- 약 70명을 수용**할 수 있도록** 테이블 20개를 준비했습니다.

  I arranged 20 tables so that we can accommodate about 70 people.

CHECK UP 빈칸에 알맞은 단어를 넣고 문장을 말해 보세요. 🎧 **Warm Up_18/** 해설집 p.3

1 저는 TV를 볼 **때** 커피 마시는 것을 좋아합니다.
   I like drinking coffee _____ I watch TV.

2 저희 도서관 **고객이시면**, 지불하지 않으셔도 됩니다.
   _____ you are a member of our library, you don't need to pay.

3 저는 시험에 **통과하기 위하여** 영어를 열심히 공부합니다.
   I study English very hard _____ I can pass the test.

신의 한 수 - 전치사 (1)

그는 정오에 공항에 도착할 것입니다.

· He will arrive **in** the airport at noon. (×)

⬇

· He will arrive **at** the airport at noon. (○)

 이래서 헷갈려요!

a train station, a bus stop, an airport 등 정확한 지점을 표현할 때는 arrive at ~, 도시나 나라처럼 넓은 지역에 쓸 때는 arrive in ~이라고 말합니다.

 말해 보세요!

at : 구체적 지점의 장소
· 가능한 한 빨리 **목적지에** 도착하고 싶습니다.   I'd like to arrive **at** my destination as soon as possible.

in : 비교적 넓은 장소 또는 실내 장소
· 오늘 밤 **시애틀에** 도착할 겁니다.   I'll arrive **in** Seattle tonight.

on : 표면 위의 장소
· 몇몇 상자들이 **선반 맨 위에** 정리되어 있습니다.   Some boxes are arranged **on** top of the shelf.

CHECK UP 빈칸에 알맞은 전치사를 넣고 문장을 말해 보세요.   🎧 **Warm Up_19/** 해설집 p.3

1 **벽에** 그림이 하나 걸려 있습니다.
   There is a picture hanging _____ the wall.

2 꽃들이 **땅에** 심겨져 있습니다.
   Flowers are planted _____ the ground.

3 저는 지난주에 그를 **파티에서** 보았습니다.
   I saw him _____ the party last week.

말하기 꿀팁 20

신의 한 수 - 전치사 (2)

그는 11시에 회의가 있습니다.

· **He has a meeting on 11 o'clock.** (×)

↓

· **He has a meeting at 11 o'clock.** (○)

 이래서 헷갈려요!

시각을 말할 때는 전치사 at을 씁니다. at은 장소를 나타낼 때와 마찬가지로 한 지점을 표현하므로, 시각과 정오 등의 시간을 표현할 때 주로 씁니다. in은 좀 더 넓은 시간 범위에 쓰므로 아침, 오후, 저녁, 또는 계절이나 연도를 나타낼 때 사용합니다.

 말해 보세요!

at : 시각, 정오 등
· 그는 오후 **4시에** 제게 전화를 했습니다.　　　He called me **at** 4 P.M.

in : 아침, 오후, 저녁, 달, 계절, 연도 등
· 저는 **아침에** 커피를 마십니다.　　　I drink coffee **in** the morning.

on : 요일, 특정한 날
· 저는 **일요일에** 부모님을 찾아 뵙니다.　　　I visit my parents **on** Sunday.

for : 숫자로 표현되는 기간
· 저는 그곳에서 **3일 동안** 머물렀습니다.　　　I stayed there **for** 3 days.

CHECK UP　빈칸에 알맞은 전치사를 넣고 문장을 말해 보세요.　　🎧 **Warm Up_20/** 해설집 p.3

1　그들은 **금요일에** 회의를 합니다.
　They have a meeting _____ Friday.

2　그는 그곳에서 **5년 동안** 살고 있습니다.
　He has been living there _____ 5 years.

3　나는 주로 아침 **6시 30분에** 일어납니다.
　I usually get up _____ 6:30 _____ the morning.

PART 1

Read a text aloud

PART 1 미리보기

기초 다지기

전략 파악하기
1 문장 끊어 읽기
2 강세와 억양 익히기

기출로 훈련하기
1 공지/안내문
2 방송
3 광고문
4 자동 응답 메시지

ACTUAL TEST

지문 유형별
빈출 문장

PART 1 미리보기

Part 1은 주어진 지문을 소리 내어 잘 읽는지를 보는 시험입니다. 지문은 비행기나 열차 등의 공지나 안내문, TV나 라디오의 방송, 전화 메시지 등의 지문이 제시됩니다. 각 지문의 특성에 맞게 실감나게 읽어주면 더 좋겠죠?

아침 교통 정보입니다. 지금 이 시간, 우리 지역의 몇몇 도로 공사로 인해 출근 차량이 불편을 겪고 있습니다.

PART 1 시험에 대해 알아 두세요

문제 수	2문제 (Questions 1-2)
답변 준비 시간	각 45초
답변 시간	각 45초
평가 기준	발음, 억양과 강세
채점 점수	0-3점

PART 1에는 이런 지문이 나와요

지문 종류	주요 내용
공지 및 안내문	고객이나 회사 직원들에게 전달 사항을 알리는 내용
방송	교통, 날씨 정보, 인물, 행사를 소개하는 내용
광고문	상품 할인이나 정보를 알리는 내용
자동 응답 메시지	업체의 고객 응대 자동 메시지, 사내 내선 번호를 알리는 내용

ETS가 제안하는 꿀팁!

답변 전, 준비 시간 45초를 잘 활용하세요.

준비 시간에 지문을 미리 한두 번 읽으면서 발음할 때 주의해야 할 단어, 강세가 필요한 곳 등을 생각해 둔 다음, 지문을 될 수 있는 대로 원어민과 흡사한 발음과 큰 목소리로 읽도록 합니다.

물음표, 쉼표 등의 문장부호를 눈여겨보세요.

지문에서 쉼표가 나올 때는 잠깐 쉬고, 마침표에서는 말꼬리를 내리면서 보다 길게 쉬어야 합니다. 물음표에서는 의문문의 종류에 따라 억양이 올라가거나 내려가기도 하며, 느낌표에서는 그 부분을 강조해야 합니다.

중심 단어를 강조해서 말해 보세요.

명사와 동사 같은 문장의 중심 단어, 또는 특히 비교급이나 최상급을 나타내는 형용사를 다른 단어에 비해 강조해서 말하면, 듣는 사람의 주의를 끌어 내용을 효과적으로 전달할 수 있습니다.

큰 소리로, 천천히 또박또박 읽으세요.

보통 지문의 양은 조금 천천히 말해도 45초 내로 충분히 읽을 수 있는 정도입니다. 그러므로 너무 급하게 읽으려다 실수하는 일이 없도록 하며, 실수를 하더라도 당황하지 말고 틀린 부분을 다시 읽습니다.

PART 1   기초 다지기

1 혼동하기 쉬운 단어 발음과 강세

🎧 Part 1_01

철자가 비슷해서 발음이 혼동되는 단어가 많습니다. 실수하지 않도록 정확한 발음과 강세를 익혀 두세요.

live[liv]	통 살다	live[laiv]	형 살아 있는, 생방송의
nature[néitʃər]	명 자연	natural[nǽtʃərəl]	형 자연의
exhibit[igzíbit]	명 전시(회); 통 전시하다	exhibition[èksəbíʃən]	명 전시, 박람회
completion[kəmplíːʃən]	명 완성	competition[kàmpətíʃən]	명 경쟁, 대회
family[fǽməli]	명 가족	familiar[fəmíljər]	형 익숙한
suit[suːt]	명 정장; 통 어울리다	shoot[ʃuːt]	통 쏘다, 촬영하다
cooperation[kouàpəréiʃən]	명 협조	corporation[kɔ̀ːrpəréiʃən]	명 기업
appreciate[əpríːʃièit]	통 감사하다	appropriate[əpróuprièit]	형 적절한
several[sévərəl]	형 몇몇의	severe[səvíər]	형 심각한
facility[fəsíləti]	명 시설	faculty[fǽkəlti]	명 교수진
receipt[risíːt]	명 수령, 영수증	recipe[résəpìː]	명 요리법
arena[əríːnə]	명 경기장, 공연장	area[ɛ́əriə]	명 지역, 구역
thought[θɔːt]	명 생각; 통 think의 과거형	though[ðou]	접 ~이지만
aboard[əbɔ́ːrd]	부 탑승한	abroad[əbrɔ́ːd]	부 해외로
breath[breθ]	명 숨	breathe[briːð]	통 숨쉬다

2 발음하기 어려운 단어

🎧 Part 1_02

철자가 길거나 묵음이 있어 발음이 까다로운 단어들이 있습니다. 잘 익혀 두세요.

pedestrian[pədéstriən]	명 보행자	representative[rèprizéntətiv]	명 대표, 대리인
island[áilənd]	명 섬	aisle[ail]	명 통로
available[əvéiləbl]	형 이용할 수 있는	affordable[əfɔ́ːrdəbl]	형 여유가 있는
significant[signífikənt]	형 중요한	sculpture[skʌ́lptʃər]	명 조각
boulevard[bú(ː)ləvàːrd]	명 대로	exit[égzit]	명 출구; 통 나가다
humidity[hjuːmídəti]	명 습도	detour[díːtuər]	명 우회로; 통 우회하다

PRACTICE 색으로 표시된 부분의 발음에 유의하며 다음 문장을 읽어 보세요.   🎧 Part 1_03/ 해설집 p.4

1 Thank you for your cooperation and enjoy the show.

2 This evening, we open an exhibition featuring the art of Edwin Colby.

3 The pedestrian walkways are all closed as crews make repairs.

3 외래어

Part 1_04

외래어는 우리말 표기법대로 발음하지 말고 정확한 영어 발음을 익혀 두세요.

amateur	아마추어 (X) 애머츄어ㄹ (O)	profile	프로필 (X) 프로파일 (O)
vitamin	비타민 (X) 바이터민 (O)	buffet	부페 (X) 버페이 (O)
banana	바나나 (X) 버내너 (O)	Rome	로마 (X) 로움 (O)
radio	라디오 (X) 레이디오 (O)	xylophone	실로폰 (X) 자일러폰 (O)
supermarket	슈퍼마켓 (X) 쑤퍼ㄹ마킷 (O)	allergy	알레르기 (X) 앨러지 (O)
marathon	마라톤 (X) 매러쏜 (O)	mayonnaise	마요네즈(X) 메이어네이ㅈ(O)

4 the[ðə] 더? the[ði] 디?

Part 1_05

the는 [ðə]로 발음하지만, 뒤에 나오는 단어가 모음 [a, e, i, o, u ,æ, ə, ʌ]로 발음되는 경우에는 [ði]로 약하게 발음합니다.

Now at the tone, please enter the eight-digit number. 삐 소리가 나면 8자리 숫자를 입력하세요.
     [ðə]   [ði]

Please hold the applause until all the awards have been announced. 수상자가 모두 발표될 때까지 박수를
       [ði]   [ði]   자제해주십시오.

You will also learn to use the Internet. 여러분은 또한 인터넷 사용법도 배울 것입니다.
                   [ði]

The entrances at Grant Street and Third Avenue will be closed. 그랜트 가와 3번 가에 있는 입구는 폐쇄될 것
[ði]   입니다

We are holding the earliest sales event of the year in town. 우리는 이 도시에서 올해 가장 일찍 할인 행사를 열고
               [ði]   [ðə]   있습니다

year나 one 같은 단어에 주의하세요.
발음기호가 각각 [jiər], [wʌn]이므로 [더]로
발음하세요.

PRACTICE   색으로 표시된 부분의 발음에 유의하며 다음 문장을 읽어 보세요.

Part 1_06/ 해설집 p.4

1   At the end of the tour, we will provide you with samples of each candy.

2   The Wildcats amateur soccer team is returning home.

3   Our supermarket has reduced prices on our most popular gift items.

1 문장 끊어 읽기

🎧 Part 1_07

한 문장을 한 번에 읽는 것이 아니라, 의미 단위로 묶어 잠깐 숨을 고르는 느낌으로 끊어 읽어야 합니다. 파트1에서 가장 중요한 원칙입니다.

You're listening / to Bisco Radio's morning traffic report. //
Currently, / it looks like / commuters on several roads in our
area / are experiencing delays / due to construction. // West
Main Street, / South Rice Avenue, / and Cumberland Road /
are all clogged with traffic / near the city center. // If you are
heading downtown / from the Summerfield neighborhood, / be
sure to leave early. // Safe driving, / everyone! //

여러분은 지금 비스코 라디오의 아침 교통 정보를 듣고 계십니다. 현재 우리 지역 여러 도로의 통근자들은 공사로 인해 정체를 겪고 있는 듯합니다. 웨스트 메인 가, 사우스 라이스 가, 컴버랜드 로는 모두 도심 근처에서 꽉 막혀 있습니다. 서머필드 인근에서 시내로 가신다면 일찍 출발하세요. 모두 안전운전하세요!

❶ 쉼표와 마침표에서 끊어 읽기
문장 속 쉼표와 마침표는 강력한 힌트입니다. 준비시간 동안에 위치를 정확히 파악해야 합니다. 쉼표에서는 숨을 살짝 고르고, 마침표에서는 마무리 느낌으로 느긋하게 쉽니다.

❷ 긴 주어, 긴 동사구, 긴 목적어에서 끊어 읽기
수식어구로 길어진 주어, 동사구, 목적어구는 묶어서 읽습니다.

❸ 구나 절 단위로 끊어 읽기
문장 속 전치사(of, to, in, on, by, from 등)와 접속사(that, what, which, who, where 등), to부정사(to 동사원형), 동명사(동사ing) 등이 보이면 이들 앞에서 쉬어 읽습니다.
(구: 2개 이상의 단어 모음, 절: 주어와 동사로 이루어진 모음)

PRACTICE   끊어 읽기에 유의하며 다음 문장을 읽어 보세요.   🎧 **Part 1_08**/ 해설집 p.4

1 In traffic news, / maintenance on the Wellington Bridge / is affecting travelers / this morning. //

2 If you have any questions, / please don't hesitate / to ask me. //

3 So come visit us / on a Friday evening / and see / what we have / to offer! //

2 강세와 억양 익히기

지문의 내용과 상황에 맞게 주요 단어들을 강세를 주어 힘 있게 읽거나, 억양을 올리거나 내려서 읽으면, 문장이 자연스럽게 들립니다.

---

❸Hello everyone, / and ❸welcome / to the ❷Edwards Bank employee ❶retreat! ↘ // ❸Please keep in mind / that we're ❸here to have ❹fun, ↗ build trust, ↗ and improve communication. ↘ // As you will see, / this is a great ❶opportunity / to get better ❶acquainted with people / from outside your department. ↘ // ❸Now, / ❺why don't we begin our first activity? ↘ //

안녕하세요, 여러분. 에드워즈 은행 직원 수련회에 오신 것을 환영합니다. 재미있게 놀고 신뢰를 쌓으며 소통을 개선하기 위해 이곳에 왔다는 걸 명심해 주세요. 보시면 아시겠지만, 부서 외부 사람들과 친해질 수 있는 좋은 기회입니다. 이제 첫 번째 활동을 시작합시다.

강세 넣어 읽기

❶ 중요한 정보
문장에서 전달하려는 중요한 내용을 담고 있는 단어

❷ 고유 명사
대문자로 시작하여 특정 사람이나 행사 이름을 가리키는 단어

❸ 강조어
부정어, 비교급 및 최상급, 부사로 감정적으로 강조할 필요가 있는 단어

이 나열 구문은 모든 지문에 항상 나옵니다. 중요!!

다양한 억양 익히기

❹ 나열 구문: A, ↗ B, ↗ and C ↘
같은 유형의 단어들이 나열되어 있는 구문으로
and나 or 앞의 단어들은 살짝 올려 읽고 마지막 단어는 내려 읽음

❺ 의문문
• 의문사 없는 의문문: Do you ~? ↗ Have you ~ ↗, Are you ~? ↗
조동사(Do, Does, Did, Can, Would, Have 등)와 Be동사(Are, Is, Am, Was, Were 등) 의문문들은 끝을 올려 읽음

• 의문사 있는 의문문: What/When/Where/Who/Why/How ~? ↘
의문사로 시작되는 의문문들은 의문사를 강하게 읽고, 끝은 내려서 읽음

PRACTICE 강세와 억양에 유의하며 다음 문장을 읽어 보세요.

🎧 Part 1_10/ 해설집 p.4

1 You'll find **discounts** on our **entire** stock of **cameras**, ↗ **computers**, ↗ and **appliances**. ↘
2 **Welcome** to the **Huntington Gallery**. ↘
3 Would you ever **consider** taking a **cooking** course **online**? ↗

기출로 훈련하기

1 공지/안내문

🎧 Part 1_11

회사 내 직원들이나 공공장소에서 사람들에게 정보를 안내하는 지문입니다. 안내하는 주요 정보(변경사항, 장소, 비용, 일정 등)를 파악해서 강세를 주어 읽는 것이 좋습니다.

지문 읽기

인사 / 관심 유도	❶**Welcome** / to my **presentation** / for ❷**small-business** owners. //	소규모 자영업자를 위한 발표에 오신 것을 환영합니다.
공지 및 안내 사항	**Today,** / I'll discuss some **methods** / for **expanding** the customer base / of your business. // We'll **review** the steps / you can take / to improve your ❹**advertising,** ↗ **marketing,** ↗ and **sales.** ↘ //	오늘 저는 귀사의 고객층을 확대하기 위한 몇 가지 방법에 대해 논의할 것입니다. 귀사의 광고, 마케팅, 영업을 개선하기 위해 취할 조치들을 검토할 예정입니다.
당부 사항	If you have any **questions,** / ❺ I'll be **happy** to answer them / at the **end** of this presentation. //	질문이 있으시면 발표가 끝나고 답변해 드리겠습니다.

문장 끊어 읽기   ❶ 환영의 의미인 Welcome을 강하게 읽고 전치사 to 앞에서 살짝 끊어서 읽어줍니다.
❸, ❺ 쉼표를 지켜줍니다.

강세   ❷ small-business와 같이 행사명이나 대상과 관련된 표현은 강하게 읽어줍니다.

억양   ❹ advertising, ↗ marketing, ↗ and sales. ↘ 나열 구문 억양을 주의해 읽어줍니다.

PRACTICE

발음, 강세 및 억양, 끊어 읽기에 유의하여 다음 지문을 읽어 보세요.

🎧 **Part 1_12/** 해설집 p.5

굵은 표시: 강하게 읽기   ↗: 올려 읽기   ↘: 내려 읽기   /: 끊어 읽기

STEP 1

🔔 답변 : 45초

Welcome / to this year's **Construction Innovation Awards** banquet. // **Later** in the evening, / we'll present **awards**, ↗ introduce **special guests**, ↗ and look at the year's **most innovative projects.** ↘ // But **first**, / I'd like to **welcome** our **keynote** speaker, / **Maria Evans**. // **Maria** will share with us the **lessons** / she has **learned** / over the course of her **career**. //

🔔 답변 : 45초

When I was approached about **speaking** / at this **Holden** High School **graduation** ceremony, / I thought about **what advice** / I could share with you. // As a **diplomat** / for over **40** years, / I worked on **foreign policy**, ↗ **trade deals**, ↗ and important **negotiations.** ↘ // **However**, / the advice I have to share / has **little** to do with **politics** / and **everything** to do with **communication**. //

STEP 2

🔔 답변 : 45초

Thank you for watching this instructional video on how to plant vegetables! First, make sure you have the correct quantity of seeds, planting soil, and pots. Before you begin filling the pots with soil, make sure they're the appropriate sizes. And remember, water must be able to drain from the containers.

2 방송

교통방송, 일기예보 방송, 초대 게스트 소개 등이 주로 출제됩니다.
청취자들에게 말하듯이 자연스럽게 읽어줍니다.

아나운서가 된 것처럼
말해볼까요?

지문 읽기

인사/ 프로그램 이름	**Welcome** / to *Everyday Cooking*. //	에브리데이 쿠킹에 오신 것을 환영합니다.
프로그램 내용	**Today**, / I'll demonstrate / how to make **scrambled eggs** ❶ / by using ❷**three eggs**, ↗ **five** teaspoons of **milk**, ↗ and **oil**. ↘ //	오늘은 달걀 세 개와 우유 다섯 티스푼, 기름을 이용해 스크램블 에그 만드는 법을 보여드릴 예정입니다.
참여 방법/ 당부 사항	Begin by **coating** a nonstick **pan** with **oil**. // While ❸**that** heats, / **combine** the remaining ingredients ❹ / and **whisk** them together / for ❺**thirty** seconds. // **Pour** the mixture into the pan / and **stir** it constantly ❻ / until it **reaches** your preferred **consistency**. //	코팅 처리된 팬에 기름을 두르는 것부터 시작하죠. 가열되는 동안 나머지 재료들을 섞어 30초간 함께 휘저으세요. 혼합된 재료를 팬에 붓고 원하는 농도가 될 때까지 계속 저어주세요.

문장 끊어 읽기
❶ 나열 구문이 시작되는 긴 구 앞에 있는 전치사 앞에서 끊어 읽습니다.
❹ <동사 and 동사>가 반복되므로 끊어 읽으면서 각 동사들(combine, whisk)을 강조해줍니다.
❻ until 뒤로 긴 문장이 계속되므로 앞에서 끊어 읽어줍니다.

강세
❸ 여기서 that은 접속사가 아니라, pan을 가리키는 대명사이므로 강조해서 읽어줍니다.
❺ 모든 유형의 지문에서 숫자는 중요한 정보이므로 강조합니다.

억양
❷ three eggs, ↗ five teaspoons of milk, ↗ and oil. ↘ 나열 구문입니다. 억양을 주의해 읽습니다.

PRACTICE

발음, 강세 및 억양, 끊어 읽기에 유의하여 다음 지문을 읽어 보세요.

🎧 **Part 1_14 / 해설집 p.6

굵은 표시: 강하게 읽기 ↗: 올려 읽기 ↘: 내려 읽기 / : 끊어 읽기

STEP 1

🔔 답변 : 45초

And **now** / for your weekend **traffic** report. // This **Saturday**, / a **concert** in **Brookside Park** / will cause significant **delays** / in the city center. // If you plan to **attend** the concert, / you should consider using **public transportation**. // You may **also** want / to take public transportation to places / like the **art museum**, ↗ the **theater**, ↗ and other nearby **attractions**. ↘ //

🔔 답변 : 45초

Attention radio listeners! // Our station is hosting a **competition** / this **Saturday evening** / at the **Grafton Club**, / the city's **most** popular nightclub. // **Come** hear **local bands** / as they **compete** for a chance / to have their **song** played / on our station. // At this event, / you can **discover** new **music**, ↗ **enjoy** delicious **food**, ↗ and **vote** for your **favorite** performers! ↘ //

STEP 2

🔔 답변 : 45초

Good morning. You're listening to *Discussion Hour* on News Radio. On today's program, our guest speaker is scientist Ken Higgins. Ken's research has taken him around the world to Asia, Africa, and South America. His new book, which was released just two weeks ago, is already a best seller.

3 광고문

주로 상품이나 서비스의 할인 행사나 신제품의 장점을 홍보하는 내용입니다.
실제 광고의 성우나 판매원처럼 생동감 있게 읽어서
광고문의 특성을 살려줍니다.

다른 유형보다
더 자신 있게
읽어주세요!!

지문 읽기

관심 유도/ 행사[상품]명	When **dry** weather is **tough** / on your skin, / try ❶**Elma's Beauty Products.** //	건조한 날씨가 피부를 힘들게 할 땐 엘마 뷰티 제품을 써 보세요.
행사/상품 소개	Our ❷**soaps,**↗ **lotions,**↗ and **body washes**↘❸/ add **moisture** / to your skin / to prevent ❹itching↗ and redness.↘ // In addition, / **all** of our products / are made ❺/ with ❻**only** the finest **natural** ingredients. //	저희 비누, 로션, 바디워시는 피부에 수분을 더해 가려움과 홍조를 예방합니다. 아울러 모든 제품은 최상급 천연성분으로만 만듭니다.
추가 정보/ 구매 방법	For more information /, **see** our advertisement / in ❼*Beauty Week Magazine.* //	더 자세한 정보는 <뷰티 위크 매거진>에 실린 저희 광고를 참조하세요.

문장 끊어 읽기
❸ add 앞이 모두 주어이므로, 긴 주어 뒤에서 끊어 읽어줍니다.
❺ 문장이 길어서 동사와 전명구(전치사와 명사로 이루어진 구) 사이를 끊어 읽습니다.

강세
❶ 상품명은 강조해 읽습니다.
❻ 오직 천연성분만 재료로 사용한다는 중요한 정보이므로 강조해줍니다.
❼ 잡지명도 고유명사이므로 강조해 읽습니다.

억양
❷ soaps,↗ lotions,↗ and body washes↘ 나열 구문입니다. 억양에 주의하세요.
❹ itching↗ and redness↘ 두 단어로 이루어진 병렬 구조 역시 억양에 변화를 주어 읽습니다.

PRACTICE

발음, 강세 및 억양, 끊어 읽기에 유의하여 다음 지문을 읽어 보세요.

🎧 **Part 1_16**/ 해설집 p.8

굵은 표시: 강하게 읽기   ↗: 올려 읽기   ↘: 내려 읽기   / : 끊어 읽기

STEP 1

🔔 답변 : 45초

Do you own a **small** business?↗ // If **so**, / consider hiring **Butler Cleaning Services**. // Whether you're looking for regular **maintenance**↗ / or just need a **single visit**,↘ / we can help. // Our **expert** cleaning staff / will remove **dirt**,↗ **dust**,↗ and **clutter** ↘ / from your workplace. // Visit our **Web site** / to learn more about **Butler's affordable** services. //

🔔 답변 : 45초

Are you looking to get the **most** / out of this **summer**?↗ // **Howard Home Improvement Solutions** has / top-quality **grills**,↗ **decking**,↗ and **pool** equipment.↘ // We have **everything** you need / for summertime **fun** at home. // **Come** visit us / and **talk** to one of our staff members / **today**. //

STEP 2

🔔 답변 : 45초

For this weekend only, Fresh Zone Supermarket is running promotions in all departments. This is your chance to take advantage of low prices on meat, seafood, and baked goods. If you are looking to stock up for this coming holiday season, come and see our deals today.

4 자동 응답 메시지

회사나 공공 기관에서 고객에게 응대하기 위한 자동 메시지 지문으로, 각 부서별 내선 번호나 영업시간, 웹사이트 사용 권유 등을 안내합니다.

지문 읽기

인사/업체명	❶Thank you / for calling the ❷Lakeview Superstore / in Oakland City. //	오클랜드 시티의 레이크뷰 슈퍼스토어에 전화 주셔서 감사합니다.
안내 내용	This location is currently **closed** / for **renovations**. // ❸**However**, / we will be reopening on ❹**March first**. //	본 매장은 현재 보수 공사로 문을 닫았습니다만, 3월 1일에 다시 개장할 예정입니다.
추가 정보/ 끝인사	To find another store branch, / **please** visit our Web site and search the **directory**. // **Lakeview Superstore** is the **number one** store _❺/ for ❻quality **products**,↗ low **prices**,↗ and friendly **service**.↘ //	다른 매장을 찾으시려면 웹사이트를 방문하셔서 안내를 검색하세요. 레이크뷰 슈퍼스토어는 최상급 제품과 저렴한 가격, 친절한 서비스를 갖춘 최고의 상점입니다.

문장 끊어 읽기   ❺ 뒤에 나열 구문으로 문장이 길어지므로 전치사 앞에서 끊어 읽습니다.

강세
❶ 문장을 힘 있게 시작합니다.
❷ 고유명사는 강세를 주어 정확하게 읽습니다.
❸ 상황의 반전을 주는 However를 강하게 읽습니다.
❹ 날짜는 중요한 정보입니다.

억양   ❻ quality products,↗ low prices,↗ and friendly service.↘ 나열 구문으로 억양을 살려 읽습니다.

PRACTICE

발음, 강세 및 억양, 끊어 읽기에 유의하여 다음 지문을 읽어 보세요.

🎧 **Part 1_18/** 해설집 p.9

굵은 표시: 강하게 읽기   ↗: 올려 읽기   ↘: 내려 읽기   / : 끊어 읽기

STEP 1

🔔 답변 : 45초

> You've reached **La Palma Community Center**. // If you would like to know / more about our scheduled **events**,↗ upcoming **activities**,↗ and ongoing **classes**,↘ / **please** press **one**. // To **reserve** one of our event **rooms**, / press **two**. // Or, **remain** on the **line** / to be connected to the **front** desk. // **Thank** you. //

🔔 답변 : 45초

> **Thank** you / for calling **Mama's Pizza restaurant**. // We have the **best** pizzas↗ and pastas↘ in town. // For your convenience, / customers can **now** place **orders** / on our **Web site**. // **Check** it out **now** / if you prefer **not** to wait. // **Otherwise**, / an **employee** will be **right** with you / to take your delivery **order**. // Be **sure** to ask about our deals / on **meatballs**,↗ **chicken wings**,↗ and **fries**.↘ //

STEP 2

🔔 답변 : 45초

> Hello and thank you for calling Thompson's Appliance Repair. Our opening hours are Monday through Saturday from 7 A.M. to 9 P.M. All of our lines are currently busy. Please call back later, or leave us a message and we will call you back as soon as possible. Please leave your name, contact information, and message after the tone. Thank you.

ACTUAL TEST

음원을 들으며 테스트해 보세요.

🎧 **Part 1_19/** 해설집 p.11

1

Questions 1-2: Read a text aloud

Directions: In this part of the test, you will read aloud the text on the screen. You will have 45 seconds to prepare. Then you will have 45 seconds to read the text aloud.

Thank you for attending this press conference. The Weston Transportation Department is pleased to celebrate the opening of this railway station. After three years of construction, our facility is now ready to serve commuters, tourists, and travelers of all kinds. Before we show everyone around the building, Mayor Johnson would like to say a few words.

PREPARATION TIME	RESPONSE TIME
00:00:45	00:00:45

Today on our Summer Activities news segment, we'll speak with the director of the Archer County Summer Festival, Anne Jackson. She will tell us about the festival's prices, hours of operation, and various attractions. So if you're looking for something fun to do this summer, stay tuned for more details.

PREPARATION TIME	RESPONSE TIME
00:00:45	00:00:45

2

Questions 1-2: Read a text aloud

Directions: In this part of the test, you will read aloud the text on the screen. You will have 45 seconds to prepare. Then you will have 45 seconds to read the text aloud.

TOEIC Speaking   Question 1 of 11

Looking for the perfect home? Windy Grove Apartments is the place for you! Our renovated units have spacious living areas, comfortable bedrooms, and modern kitchens. Additionally, our building features a gym and an indoor swimming pool. If you would like to visit our apartments, register for a tour on our Web site.

PREPARATION TIME	RESPONSE TIME
00:00:45	00:00:45

TOEIC Speaking   Question 2 of 11

Thank you for calling Richmond Financial. We have been providing the community with accounting, financial, and investment services for over three decades. If you are interested in one of our services, please make an appointment with an associate today. To set up an appointment, please press one now. Thank you.

PREPARATION TIME	RESPONSE TIME
00:00:45	00:00:45

지문 유형별로 자주 나오는 문장들입니다. 음원을 따라 읽으면서, 자연스러워질 때까지 연습! 또 연습하세요.

공지/안내문 빈출 표현

1 **Welcome to** today's tour of the Larkton Music Museum.
라크튼 음악박물관 투어에 오늘 오신 걸 환영합니다.

2 The Natural History Museum's afternoon tour **will begin shortly.**
자연사 박물관의 오후 투어가 곧 시작됩니다.

3 **When we return, I'll** assign you to small groups for training.
돌아오면, 제가 교육을 위해 소그룹으로 정해드리겠습니다.

4 **Next, we will** present our annual report on the best sports teams.
다음은, 최고의 스포츠 팀들에 관한 연간 보고서를 발표하겠습니다.

5 **Thank you for your cooperation.** 협조해주셔서 감사합니다.

6 **Ladies and gentlemen,** we will have a short break at noon.
신사 숙녀 여러분, 12시에 잠깐 쉬겠습니다.

7 **It is important to** participate in this school event. 이번 학교 행사에 참여하는 것은 중요합니다.

8 **Stay with the group** and dinner will be served in a minute.
그룹으로 모여 계시면 저녁이 곧 제공될 것입니다.

9 **Before we start** the tour, I'll hand out the map of this park.
투어를 시작하기 전에, 이 공원의 지도를 나눠드리겠습니다.

10 **Let's** try to get there on time. 제시간에 도착할 수 있도록 노력합시다.

방송 빈출 표현

1 **It's time for** this afternoon's weather forecast. 오후 일기예보 시간입니다.

2 **And now, here's** your Channel Six traffic news. 자, 이제 채널 6 교통방송입니다.

3 Travelers **are encouraged to** find alternate routes across the river.
통행자들은 강을 건너는 다른 경로를 찾는 것이 좋겠습니다.

4 **Please make sure to** bring a light jacket. 얇은 재킷을 준비하세요.

5 **Now, please join me in welcoming** Nancy Smith. 자, 이제 저와 함께 낸시 스미스 씨를 환영해주세요.

6 **We are honored to** be ranked as one of the best theaters.
최고의 극장들 중 하나로 평가되어 영광입니다.

7 **You are watching** Channel 7 Traffic News. 채널 7 교통방송을 보고 계십니다.

8 **Please welcome** Dr. Galvin. 갤빈 박사를 환영해주십시오.

9 **We'll be back** right after tonight's weather forecast. 오늘밤 일기예보 이후에 바로 돌아오겠습니다.

10 **Stay tuned.** 채널 고정하세요.

광고문 빈출 표현

1 **Attention, shoppers.** 고객 여러분께 알려드립니다.

2 **Are you looking for** a house to live in? 거주할 집을 찾고 계십니까?

3 **Come check out** the bargains at City Electronics! 시티 전자에 오셔서 특가품을 확인해보세요.

4 **Please call** Green Meadows today! 오늘 바로 그린메도우에 전화 주세요!

5 **This month only,** all doors are twenty **percent off**! 오직 이달에만, 모든 문이 20% 할인됩니다!

6 **We'll hold** the grand opening sale at the end of this month. 이달 말에 개업 할인 행사를 엽니다.

7 **If you** need more details, please visit our Web site.
더 자세한 사항이 필요하시면, 저희 웹사이트를 방문해주십시오.

8 All items in our store are **on sale.** 매장 내 전 품목이 할인됩니다.

9 This class is offered **free of charge.** 이 수업은 무료로 제공됩니다.

10 **You will receive** an additional discount. 추가 할인을 받으실 겁니다.

자동 응답 메시지 빈출 표현

1 **Thank you for calling** the law office of Charles Spencer.
찰스 스펜서 법률사무소에 전화 주셔서 감사합니다.

2 **You've reached** the Woodsworth Theater. 우즈워드 극장에 연결되셨습니다.

3 **Please press** one now. 1번을 누르세요.

4 **If you'd like to speak to** one of our representatives, **please hold the line**.
상담직원과 통화를 원하시면 기다려주세요.

5 **At the moment, no one is available** to answer your call. 현재, 모든 직원이 연결이 되지 않습니다.

6 **Now, at the tone**, please leave your name and a short message.
자, '삐' 소리가 나면, 이름과 간단한 메시지를 남겨주세요.

7 **For more information**, please visit our Web site. 자세한 정보는 저희 웹사이트를 방문해주세요.

8 One of our staff members **will be with you shortly.** 직원 한 명이 곧 상담을 도와드리겠습니다.

9 **Stay on the line, please.** 잠시만 기다려주십시오.

10 Please call back **during regular business hours.** 정규 영업시간에 다시 전화를 주십시오.

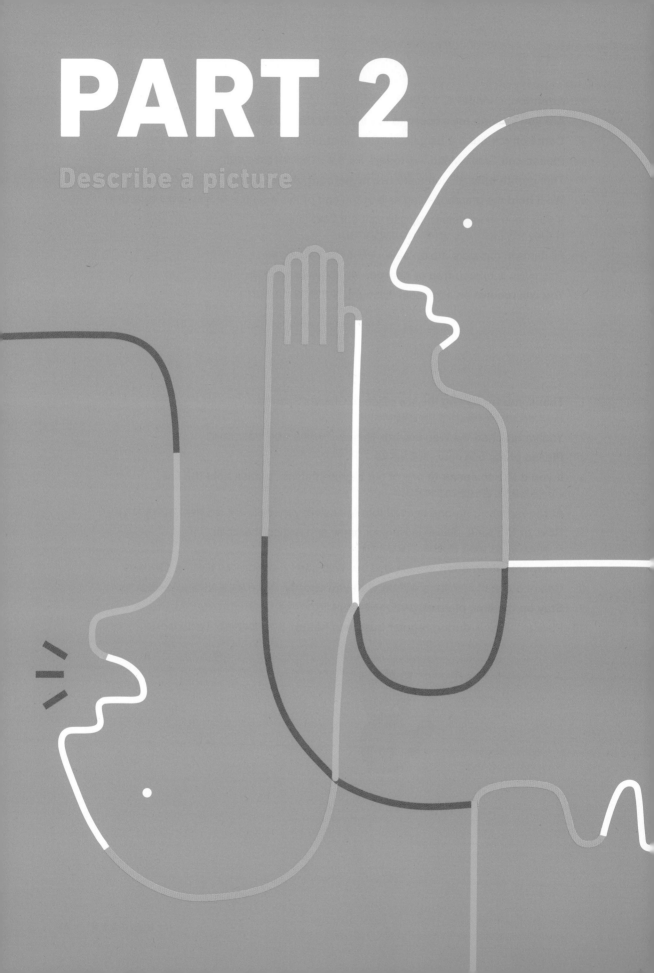

PART 2

Describe a picture

PART 2 미리보기

기초 다지기

전략 파악하기
1 답변 템플릿
2 템플릿 적용하기

기출로 훈련하기
1 회사/학교
2 시장/상점/식당/호텔
3 거리/역/정류장/공항
4 공원/유원지

ACTUAL TEST

사진 유형별
필수 답변 표현

Part 2는 제시되는 사진을 보고 사진 내용을 적절하게 묘사하는 시험입니다. 사진은 사무실, 길거리, 식당, 공원 등 다양한 배경으로 출제되며, 객관적으로 보이는 사실을 묘사하는 것이 좋습니다.

가운데 남자가
달리고 있군.

오른쪽 두 사람은
이야기하고 있고...

PART 2 시험에 대해 알아 두세요

문제 수	2문제 (Questions 3-4)
답변 준비 시간	각 45초
답변 시간	각 30초
평가 기준	발음, 억양과 강세, 문법, 어휘, 일관성
채점 점수	0-3점

PART 2에는 이런 사진이 나와요

회사/학교		시장/상점/ 식당/호텔	
거리/역/ 정류장/공항		공원/유원지	

ETS가 제안하는 꿀팁!

준비 시간에 어휘를 많이 생각해 두세요.

준비 시간 동안 사진과 관련 있는 단어들을 미리 생각해 두세요. 특히, 명사와 동사를 연결 지어 두면 좀 더 편한 마음으로 문장을 만들 수 있습니다. 단어가 갑자기 떠오르지 않거나 해당 사물의 단어를 모른다면, 아는 단어들을 조합해서 그 사물을 표현하거나 설명하는 것도 좋은 방법입니다.

유용한 구문을 많이 알아 두세요.

영어 구사력을 높이기 위해서는 유용한 단어나 구문을 알아 둘 필요가 있습니다. 예를 들어, 두 가지 사물이나 사람 각각에 대해 말할 때 쓰는 One (man) ... the other (man) 같은 표현을 알아 두는 것이 좋습니다. one, the other, two men, both men처럼 원어민들이 많이 쓰는 구문들을 익혀 두세요.

처음부터 너무 빨리 말하지 않도록 주의하세요.

처음에 너무 빨리 말을 시작하고 나서 나중에 할 말이 없어지는 경우가 종종 있습니다. 생각나는 것을 모두 말했다면 잠시 멈추고 다시 사진을 자세히 본 후 소재를 찾습니다.

묘사할 때는 현재시제와 현재진행시제를 사용하세요.

사진에 보이는 장면에 대해 이야기를 꾸며낼 수도 있고 사진에 대해 느낌을 말하거나 설명을 할 수도 있습니다. 그러나 단순히 묘사를 한다면 "It's a sunny day." "People are playing." 등과 같이 현재시제와 현재진행시제를 씁니다.

사진 묘사에 유용한 표현을 익혀 보세요.　🎧 **Part 2_01**

1 장소 묘사 표현

> **This is a picture of a[an]** _____.　이것은 ~의 사진입니다.
>
> **This picture shows a[an]** _____.　이 사진은 ~을 보여줍니다.

실내	office 사무실	meeting room 회의실
	restaurant 식당	cafeteria 구내식당
	classroom 교실	library 도서관
	store 가게	supermarket 슈퍼마켓
	train station 기차역	airport 공항

실외	street 거리	park 공원
	outdoor restaurant 야외식당	outdoor market 야외시장
	beach 해변	lake 호수
	parking lot 주차장	bus stop 버스정류장

2 인물 묘사 표현

> **A man[woman] is + 동사-ing**　남자[여자]가 ~하고 있습니다.
>
> **They are + 동사-ing**　그들은 ~하고 있습니다.

standing 서 있다	holding 잡고 있다
sitting 앉아 있다	carrying 들고 가다
walking 걷다	leaning 기대다
running 뛰다	shopping 쇼핑하다
riding 타다	paying 지불하다
talking 말하다	kneeling down 무릎 꿇다
working 일하다	checking 확인하다
writing 쓰다	choosing 선택하다
drawing 그리다	handing 건네다

소리 내어 말해 보세요.
아는 것과 말하는 것에는
엄청난 차이가 있어요~

3 주변 묘사 표현

> _____ is[are] 동사 + -ing   (사물)이 ~있습니다
> _____ is[are] 동사 + -ed [p.p]   (사물)이 ~되어 있습니다

실내	be hanging on the wall 벽에 걸려 있다	be placed on the table 테이블 위에 놓여 있다
	be standing along the wall 벽을 따라 서 있다	be arranged 정렬되어 있다

실외	be crowded with people 사람들로 붐비다	be displayed on the stand
	be under construction 공사 중이다	가판대에 진열되어 있다
	be parked 주차되어 있다	be floating in the water 물에 떠 있다

4 느낌 / 분위기 묘사 표현

> Everyone looks _____.   모두 ~ 해 보입니다
> This place looks _____.   이 장소는 ~ 해 보입니다

busy 바쁜   clean 깨끗한
interested 흥미 있어 하는   popular 인기 많은
happy 행복한   cozy 아늑한
relaxed 편안한   crowded 붐비는
quiet 조용한   peaceful 평화로운

5 사진 위치 표현

In the background of the picture 사진 뒷부분에

On the left side of the picture
사진 왼쪽에

On the right side of the picture
사진 오른쪽에

In the middle of the picture
사진 가운데에

In the foreground of the picture 사진 앞부분에

1 답변 템플릿

준비 시간 45초 동안 사진을 보면서 생각나는 핵심 단어나 구 등을 떠올리며 브레인스토밍 하세요.

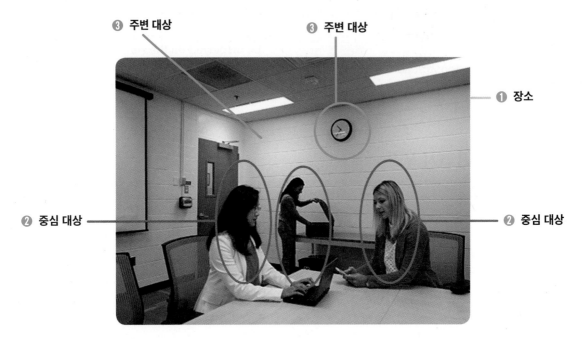

❸ 주변 대상 　　 ❸ 주변 대상 　　 ❶ 장소 　　 ❷ 중심 대상 　　 ❷ 중심 대상

Part 2 필수 답변 템플릿을 이용하세요.

❶ 사진 소개	This is a picture of ___장소___ / ___사람___ .	이것은 ~의 사진이다.
	This picture shows ___장소___ / ___사람___ .	이 사진은 ~을 보여준다.
	There are _____ people in this picture.	이 사진에는 ~명의 사람들이 있다.
	※ 구체적인 장소를 모른다면…	
	This picture was taken indoors.	이 사진은 실내에서 찍혔다.
	This picture was taken outdoors.	이 사진은 실외에서 찍혔다.
❷ 중심 대상	A man[woman] is _____.	남자[여자]가 ~ 이다.
	I think + 주어 + 동사.	~라고 생각한다.
❸ 주변 / 분위기	사물 주어 + is[are] + p.p(과거분사).	사물(들)이 ~되어 있다.
	There is[are] 사물(들) ~.	사물(들)이 ~에 있다.
	I can see _____.	~가 보인다.
	This place looks ___형용사___.	이 장소는 ~하게 보인다.
	Everyone looks ___형용사___.	모든 사람들이 ~해 보인다.

2 템플릿 적용하기

사진을 보면서 템플릿의 순서대로 표현을 브레인스토밍 해봅시다.

브레인스토밍

❶ 사진 소개
   indoors / three people

❷ 중심 대상
   working on the computer
   using her cell phone
   opening a suitcase

❸ 주변 / 분위기
   a clock / white walls / clean

템플릿에 넣어 답변을 완성해봅시다.　　　　　　　　　🎧 **Part 2_02**

❶ **사진 소개**	This picture shows three people.
❷ **중심 대상**	The woman on the left is wearing a white jacket and working on the computer. Another woman is using her cell phone. I think they are co-workers. The other woman in the background is standing at a table and opening a red suitcase.
❸ **주변 / 분위기**	I can see a clock on the wall. This place looks very clean.

이 사진은 세 사람을 보여줍니다. 왼쪽 여자는 흰색 재킷을 입고 컴퓨터로 일을 하고 있습니다. 또 다른 여자는 자신의 휴대폰을 사용하고 있습니다. 그들은 직장 동료인 것 같습니다. 사진 뒤쪽의 다른 여자는 테이블에 서서 빨간색 여행용 가방을 열고 있습니다. 벽에 시계가 보입니다. 이 장소는 매우 깨끗해 보입니다.

3명이 있으면 이렇게 표현해요.
처음 한 명 one
또 다른 한 명 another one
나머지 한 명 the other one

기출로 훈련하기

1 회사/학교

회사 사진은 주로 사무실, 회의실, 복사실, 직원 휴게실에 있는 사람들의 모습이 자주 출제되고, 학교 사진은 주로 캠퍼스나 교실, 도서관에 있는 학생들의 사진들이 출제됩니다.

STEP 1 우리말을 참고하여 사진 묘사를 완성하여 말해 보세요.

 Part 2_03/ 해설집 p.13

브레인스토밍

❶ 사진 소개
a meeting room

❷ 중심 대상
wearing glasses
handing/drawing

❸ 주변/분위기
hanging on the wall
busy

❶ **사진 소개**
This is a picture of _____ in a meeting room.
　　　　　　　　　　　　　다섯 명

❷ **중심 대상**
The woman on the left is _____ and standing at the table.
　　　　　　　　　　　　　　안경을 끼고 있는
She is _____ a piece of paper to another woman.
　　　　건네고 있는
The woman in the background is _____ on the chart.
　　　　　　　　　　　　　　　　무언가를 그리고 있는

❸ **주변/분위기**
I can see a big TV _____.
　　　　　　　　　　　　벽에 걸려 있는
The table is very messy _____.
　　　　　　　　　　　많은 물건들로
Everyone in this picture looks _____.
　　　　　　　　　　　　　바쁜

브레인스토밍

❶ 사진 소개
  a classroom

❷ 중심 대상
  sitting at desks
  writing on paper

❸ 주변 / 분위기
  placed on the desk
  taking a test

---

❶ **사진 소개**   This picture shows _____.
이 사진은 교실을 보여줍니다.

❷ **중심 대상**   Some people are **sitting at desks and** _____.
몇몇 사람들이 책상에 앉아 있고, 종이에 무언가를 쓰고 있습니다.

The woman in the middle is _____ and a blue
long-sleeved T-shirt.
가운데 여자는 안경을 쓰고 있고, 파란색 긴 소매 티셔츠를 입고 있습니다.

Next to her, **a man** _____.
그 여자 옆에는 한 남자가 매우 짧은 머리를 하고 있습니다.

❸ **주변 / 분위기**   I can see **some books and pencil holders** _____.
책상 위에 놓인 책 몇 권과 연필꽂이를 볼 수 있습니다.

Everyone in this picture **seems like they are** _____.
사진 속 모든 사람들이 조용히 시험을 보고 있는 것 같습니다.

2 시장/상점/식당/호텔

야외 시장, 다양한 상점, 식당, 카페, 구내식당, 호텔 등에서 거래를 하거나 주문을 하는 모습, 대화를 나누는 모습 등이 자주 출제됩니다.

STEP 1 우리말을 참고하여 사진 묘사를 완성하여 말해 보세요.

🎧 **Part 2_05/** 해설집 p.14

브레인스토밍

❶ 사진 소개
   a clothing store

❷ 중심 대상
   putting something into ~
   choosing clothes

❸ 주변/분위기
   displayed
   not very crowded

---

❶ **사진 소개**   I can see two women _____.
                                              옷 가게 안에

❷ **중심 대상**   The woman on the left is _____ into her bag.
                                              무언가를 넣고 있는

                  The other woman in the middle is standing in front of a clothing rack

                  and _____ from the rack.
                              옷을 고르고 있는

                  She _____ around her shoulder.
                         가방 두 개를 가지고 있다

❸ **주변/분위기** Many clothes are _____ in this store.
                                              진열되어 있는

                  But this place is not _____.
                                              사람들로 매우 붐비는

> **브레인스토밍**
> ❶ 사진 소개
>   a cafeteria
> ❷ 중심 대상
>   wearing a red dress
>   standing behind the table
> ❸ 주변/분위기
>   arranged on the table
>   very clean

PART 2

❶ **사진 소개**

This is a picture of _____.
이것은 구내식당의 사진입니다.

❷ **중심 대상**

The woman on the left is _____ and standing in front of the food table.
왼쪽 여자는 빨간 원피스를 입고, 음식 테이블 앞에 서 있습니다.

She has her arms folded and is looking at _____.
그녀는 팔짱을 끼고 오른쪽의 여자를 바라보고 있습니다.

She is _____.
그녀는 흰색 유니폼을 입고 있습니다.

I think _____.
제 생각에는 그녀는 요리사인 것 같습니다.

There are **also two other workers** _____.
테이블 뒤에 서 있는 두 명의 다른 직원들이 또 있습니다.

❸ **주변/분위기**

I can see **many dishes and foods** _____.
테이블에 정렬되어 있는 많은 그릇들과 음식들을 볼 수 있습니다.

This place looks _____.
이 장소는 매우 깨끗하게 보입니다.

3 거리/역/정류장/공항

거리, 역, 정류장, 공항 등에 있는 사람들은 걷고 있거나 기다리고 있거나 가방을 메고 가는 등의 모습이 주로 출제됩니다.

Part 2_07/ 해설집 p.15

STEP 1 우리말을 참고하여 사진 묘사를 완성하여 말해 보세요.

브레인스토밍
❶ 사진 소개
   walking on the street

❷ 중심 대상
   carrying a bag
   walking with a bike

❸ 주변/분위기
   a big door and a small window

❶ 사진 소개   This picture shows two people _____.
                                                    길을 걷고 있는

❷ 중심 대상   The man on the left is wearing a brown coat and _____.
                                                                     가방을 메고 있는
            He is _____.
                        그의 주머니를 만지고 있는
            The woman on the right is wearing a black coat and

            _____.
                        자전거를 가지고 걷는 중인

❸ 주변/분위기   The bike _____ on the front.
                              바구니를 가지고 있다
            I can see a big door and a small window _____.
                                                              뒤쪽에
            _____ is very clean.
                  이 거리는

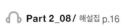

STEP 2 우리말을 참고하여 사진 묘사를 완성하여 말해 보세요. 🎧 **Part 2_08/** 해설집 p.16

브레인스토밍

❶ 사진 소개
outdoors

❷ 중심 대상
holding onto the red suitcase
sitting on the bench

❸ 주변 / 분위기
a parking lot

---

❶ **사진 소개**

This picture was taken _____.
이 사진은 야외에서 찍혔습니다.

❷ **중심 대상**

_____ in this picture.
이 사진 속에 세 명이 있습니다.

The woman on the left **is standing and** _____
_____.
왼쪽 여자는 서서 다른 여자들을 쳐다보고 있습니다.

She is _____ and carrying a bag.
그녀는 빨간색 캐리어를 잡고 있고 가방을 메고 있습니다.

Two women in the background **are** _____.
뒤쪽의 두 여자는 벤치에 앉아 있습니다.

❸ **주변 / 분위기**

I can see _____ on the right.
오른쪽에 쓰레기통을 볼 수 있습니다.

I think this place is _____ or a bus stop.
제 생각에 이 장소는 주차장이나 버스 정류장인 것 같습니다.

4 공원/유원지

공원에서 운동이나 산책을 하는 사람들, 벤치에 앉아 있는 사람들, 사진을 찍는 사람들의 사진이 자주 출제됩니다.

STEP 1 우리말을 참고하여 사진 묘사를 완성하여 말해 보세요.　🎧 **Part 2_09/** 해설집 p.16

브레인스토밍

❶ 사진 소개
　in the park
❷ 중심 대상
　wearing safety helmets
　taking a picture
❸ 주변/분위기
　yellow and red leaves
　a beautiful day

---

❶ **사진 소개**　　There are _____ in the park.
　　　　　　　　　　　　　　　　세 사람

❷ **중심 대상**　　Two people on the left are standing _____.
　　　　　　　　　　　　　　　　　　　　　　　　　　　　　자전거와 함께
　　　　　　　　They are wearing _____ and backpacks.
　　　　　　　　　　　　　　　　　　안전모들
　　　　　　　　I think the man on the right is _____.
　　　　　　　　　　　　　　　　　　　　　　　사진을 찍고 있는

❸ **주변/분위기**　I can see _____ with yellow and red leaves.
　　　　　　　　　　　　　아름다운 나무들
　　　　　　　　It is a beautiful day _____.
　　　　　　　　　　　　　　　　　　　가을에

This is a good place to take pictures.
(이곳은 사진 찍기에 좋은 장소입니다)라고 말해도 좋은 마무리!!

STEP 2 우리말을 참고하여 사진 묘사를 완성하여 말해 보세요. 🎧 **Part 2_10/** 해설집 p.17

브레인스토밍

❶ 사진 소개
  a park

❷ 중심 대상
  hiking / wearing a backpack
  looking at a map

❸ 주변/분위기
  green trees along the path
  sunny and beautiful

❶ **사진 소개**

This looks like a picture of _____.
이것은 공원의 사진처럼 보입니다.

❷ **중심 대상**

There are _____.
함께 하이킹을 하고 있는 세 명의 사람들이 있습니다.

_____ are wearing shorts and sneakers.
그들 모두 반바지와 운동화를 신고 있습니다.

The woman in the middle is _____.
가운데 여자는 배낭을 메고 모자를 쓰고 있습니다.

_____ is looking at a map.
오른쪽 여자는 지도를 보고 있습니다.

❸ **주변/분위기**

I can see _____ along the path.
길을 따라 많은 초록 나무들을 볼 수 있습니다.

This place looks _____.
이 장소는 매우 화창하고 아름답게 보입니다.

ACTUAL TEST

음원을 들으며 테스트해 보세요.

🎧 **Part 2_11/** 해설집 p.17

1

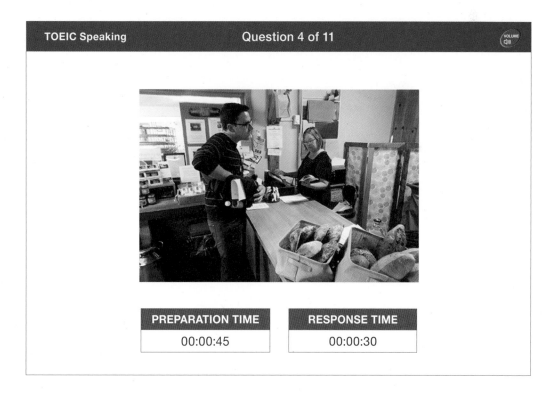

2

Questions 3-4: Describe a picture

Directions: In this part of the test, you will describe the picture on your screen in as much detail as you can. You will have 45 seconds to prepare your response. Then you will have 30 seconds to speak about the picture.

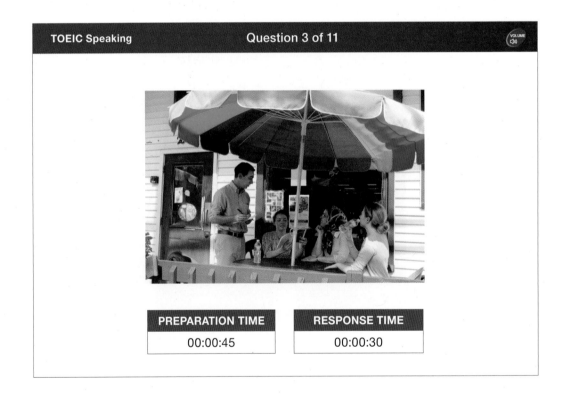

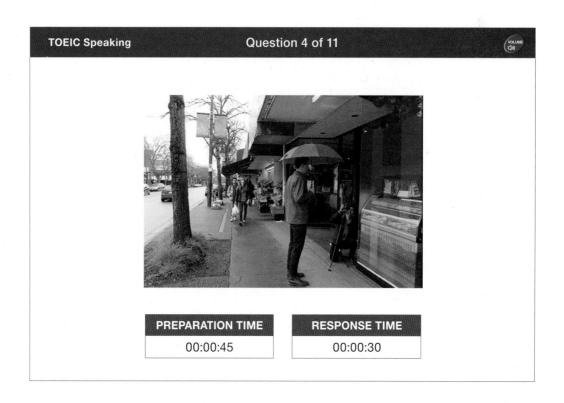

사진 유형별 필수 답변 표현

답변 문장을 좀 더 세련되게 만들고 싶다면, 이곳에서 사진 유형별 답변 표현들을 익혀 두세요.

회사 / 학교

work on a computer 컴퓨터로 작업하다

type on a keyboard 키보드를 치다

look at the computer screen 컴퓨터 화면을 보다

do some paperwork 서류작업을 하다

file papers 서류를 정리하다

talk on the phone 통화하다

have a meeting 회의하다

have a conversation 대화하다

make copies 복사하다

give a presentation[speech] 발표[연설]하다

hand something 무언가를 전해주다

draw something 무언가를 그리다

write something on paper 무언가를 종이에 쓰다

show something to someone
누군가에게 무엇을 보여주다

listen to a presenter 발표자의 이야기를 듣다

wear a suit 정장을 입다

be placed on the desk 책상 위에 놓여 있다

be hanging on the wall 벽에 걸려 있다

be standing along the wall 벽을 따라 서 있다

be arranged on the desk 책상 위에 정리되어 있다

be stacked up on the desk 책상 위에 쌓여 있다

look very busy 매우 바빠 보이다

look interested in ~에 흥미 있어 보이다

시장 / 상점 / 식당 / 호텔

hold a plastic bag 비닐봉지를 들고 있다

look around 주변을 둘러 보다

pay at the counter 계산대에서 지불하다

hand one's credit card 신용카드를 건네다

push a shopping cart 쇼핑 카트를 밀다

hold onto something 무언가를 잡다

stand in line 줄 서 있다

try on some shoes 신발을 신어보다

take out something from the shelf
선반에서 무언가를 꺼내다

choose an item 물건을 고르다

take an order 주문을 받다

order at the counter 카운터에서 주문하다

wear an apron 앞치마를 두르다

sit at the table 테이블에 앉다

look at the menu 메뉴를 보다

have a meal 식사하다

serve some food 음식을 제공하다

be displayed on the shelves[stands]
선반[가판대]에 진열되어 있다

be hanging on the racks 선반에 걸려 있다

be crowded with people 사람들로 붐비다

be arranged on the table 테이블에 정리되어 있다

be set up over the tables 테이블 위로 설치되어 있다

look popular 인기 있어 보이다

look relaxed 편안해 보이다

거리 / 역 / 정류장 / 공항

ride a bicycle[motorcycle] 자전거[오토바이]를 타다
wear a safety helmet 안전모를 쓰다
carry a backpack 배낭을 메다
hold onto a suitcase 여행가방을 잡다
stand in a group 무리 지어 서다
cross the street 길을 건너다
sweep the street 거리를 쓸다
walk in both directions 양 방향으로 걷다
pass by the stores 가게들을 지나가다
pay for a ticket 표를 사다

wait for a bus[train] 버스[기차]를 기다리다
lean over a railing 난간에 기대다
stand on the platform 플랫폼에 서다
get on[off] the train 기차에 오르다[내리다]
stand at the ticket counter 매표소 앞에 서다
walk down[up] the stairs 계단을 내려오다[오르다]
be parked along the street 길을 따라 주차되어 있다
be hanging on the building 빌딩에 걸려 있다
be under construction 공사 중이다
be planted along the street 길을 따라 심어져 있다

공원 / 유원지

sit on the bench 벤치에 앉아 있다
sit around the table 테이블에 둘러 앉다
take a walk with a dog 개와 산책하다
push a baby stroller 유모차를 밀다
take a picture 사진 찍다
pose for a picture 사진을 위해 포즈를 취하다
play a musical instrument 악기를 연주하다
do some exercise 운동하다(= exercise)
jog along the path 길을 따라 조깅하다
ask for directions 길을 묻다
hold an umbrella 우산(양산)을 들다
point at something 무언가를 가리키다

stand on the bridge 다리 위에 서다
wear shorts 반바지를 입다
watch a live performance 실황 공연을 보다
water some flowers 꽃에 물을 주다
ride a boat 배를 타다
swim in the lake 호수에서 수영하다
be floating in the water 물에 떠 있다
look calm and quiet 고요하고 조용해 보이다
look peaceful 평화로워 보이다
look famous 유명해 보이다
be a beautiful day 아름다운 날이다
have a good time 즐겁게 보내다

PART 3

Respond to questions

PART 3 미리보기

기초 다지기

전략 파악하기
1 Q5 답변 방식 익히기
2 Q6 답변 방식 익히기
3 Q7 답변 방식 익히기

기출로 훈련하기
1 일상생활
2 전자기기 / 소셜미디어
3 편의시설 / 서비스
4 학교 / 직장

ACTUAL TEST

주제별
핵심 답변 문장

PART 3 미리보기

Part 3은 전화 인터뷰 또는 친구나 직장 동료간의 전화 통화를 하는 설정으로 주로 일상생활에 관련된 것을 묻고 답하는 형식의 시험입니다. 한 가지 주제로 총 3문제가 나옵니다.

PART 3 시험에 대해 알아 두세요

문제 수	3문제 (Questions 5-7)
답변 준비 시간	문제당 3초
답변 시간	5번: 15초, 6번: 15초, 7번: 30초
평가 기준	발음, 억양과 강세, 문법, 어휘, 일관성, 내용의 관련성, 내용의 완성도
채점 점수	0-3점

PART 3에는 이런 질문이 나와요

문제 번호	주요 질문 내용
Question 5	의문문 두 가지를 연이어 묻습니다. 예) How often ~? And who ~?
Question 6	구체적인 정보를 묻고, 그 이유를 묻습니다. 예) Would you ~? Why or why not?
Question 7	상황을 가정해서 묻거나, 2~3개의 보기를 주고 선택하는 질문과 그 이유를 묻습니다. 예) Which of the following ~? Why?

ETS가 제안하는 꿀팁!

전화로 상대방과 이야기하는 것처럼 자연스럽게 답하세요.

실제로 상대방과 전화 통화하는 것처럼 자연스럽게 말해야 합니다. 질문에 반드시 길게 대답할 필요는 없지만 매끄럽게 들리도록 억양과 발음에 신경 쓰세요.

상황 설명에 현혹되지 말고 질문 자체에 집중하세요.

질문 전에 제시되는 상황 설명은 화면에 주어지므로 주의 깊게 들을 필요는 없습니다. 단, 상황 설명 마지막 부분에 나오는 주제어가 5, 6, 7번 질문의 공통 주제어이므로 이 부분을 눈여겨보고 잘 들어야 합니다.

답을 할 때는 우선 질문의 의문사에 초점을 맞추세요.

의문사는 응답의 열쇠를 제공합니다. 따라서 질문에 답을 할 때는 우선 의문사에 초점을 맞추고 그에 적절하게 응답해야 합니다. 각 의문문에 대한 응답 방법을 잘 익혀 두도록 하세요.

문법에 맞게 말하세요.

주어진 질문에 대해 자신의 생각을 말하는 유형의 질문이므로 다소 자유롭게 답할 수 있습니다. 하지만 회화체의 틀 내에서 문법에 맞게 말해야 한다는 점을 잊어서는 안 됩니다.

빈출 답변 표현

🎧 **Part 3_01**

파트 3에 주로 등장하는 의문문과 각 의문사에 적합한 빈출 답변 표현들을 알아 두세요.

When 의문문

Q. When **was the last time you visited a library?** 마지막으로 도서관에 간 것이 언제였나요?

A. The last time I visited a library was   last week. 지난주
two months ago. 두 달 전

Where 의문문

Q. Where **do you keep houseplants in your home?** 집에 화초를 어디에 두나요?

A. I keep them   on the balcony. 베란다에
in the living room. 거실에

Who 의문문

Q. Who **usually cooks in your house?** 집에서 누가 주로 요리하나요?

A. My mother 어머니가   usually cooks in my house.
I 내가   usually cook in my house.

What 의문문

Q. What **would encourage you to take taxis more often?** 무엇이 당신을 택시에 더 자주 타게 할까요?

A. Cheaper prices 더 저렴한 가격   would encourage me to take taxis more often.
Friendly service 친절한 서비스

Have you ever 의문문

Q. Have you ever **bought flowers on the Internet?** 인터넷으로 꽃을 사 본 적이 있나요?

A. Yes, I have **bought some flowers online**   once. 한 번
before. 전에

솔직한 답변도 좋지만, 익숙한
표현으로 시간 내에 빨리
말하는 것이 유리해요.

How 의문문

Q. How do you usually decide **where to go on vacation?** 어디로 휴가를 갈지 주로 어떻게 결정하나요?

A. I usually decide where to go on vacation | **after reading people's blogs.**
사람들의 블로그를 읽은 후에
after checking some advertisements.
몇몇 광고를 확인한 후에

How many 의문문

Q. How many **times a week do you take a walk?** 일주일에 몇 번이나 산책을 하나요?

A. I take a walk | **almost every day.** 거의 매일
about once or twice a week. 일주일에 한두 번

How much 의문문

Q. How much **time do you spend on the Internet a day?** 하루에 인터넷을 몇 시간 하나요?

A. I spend | **about 30 minutes a day.** 하루에 30분 정도
more than 5 hours a day. 하루에 5시간 이상

How often 의문문

Q. How often **do you listen to audio podcasts?** 팟 캐스트를 얼마나 자주 듣나요?

A. I listen to audio podcasts | **almost every day.** 거의 매일
about once or twice a week. 일주일에 한두 번

How long 의문문

Q. How long **was your last vacation?** 마지막 휴가는 얼마나 오래였나요?

A. My last vacation was | **about a week.** 약 일주일
three days. 3일

PART 3

PRACTICE 다음 의문문에 대한 응답을 주어진 우리말에 맞게 완성하세요. 🎧 **Part 3_02**/ 해설집 p.20

1 Q. When was the last time you purchased sporting goods?
  A. The last time I purchased sporting goods was _____.
  지난달

2 Q. How often do you go to the park?
  A. I go to the park _____.
  한 달에 한두 번

3 Q. Where do you usually have lunch?
  A. I usually have lunch _____.
  나의 학교 구내식당에서

전략 파악하기

1 [Question 5] 답변 방식 익히기 🎧 **Part 3_03**

5번은 3초의 준비 시간 후에 15초 동안 답변합니다. 구체적 정보를 묻는 의문사 의문문이 주로 출제됩니다. 주로 질문 두 개가 연달아 나오는 복합 유형이 출제되며, 주어진 시간 내에 두 질문 모두에 답해야 합니다.

> **Q5 주요 빈출 질문 형태 1** | **의문문 + 의문문**

Q. When was the last time you went to a festival and what kind of festival was it? | 마지막으로 축제에 간 것은 언제였나요, 그리고 어떤 종류의 축제였나요?

Q. How long have you known your best friend? Did you grow up in the same area? | 친한 친구와 얼마나 오랫동안 알고 지냈나요? 같은 지역에서 자랐나요?

주어진 문제의 단어를 사용하여 답변을 시작하고, 두 문제의 답변을 빠짐없이 하는 것이 중요합니다.

> **Q.** When <u>was the last time you went to a festival</u> and what kind of festival <u>was it</u>?
>
> **A.** <u>The last time I went to a festival was</u> last year and <u>it was</u> the Rose Festival.
> 마지막으로 축제에 간 것은 작년이었고, 그것은 장미 축제였습니다.

> **Q5 주요 빈출 질문 형태 2** | **의문사 없는 의문문 + Why (or Why not)?**

Q. Are you willing to buy used furniture? Why? | 중고 가구를 기꺼이 구입하시겠어요? 그 이유는 무엇인가요?

Q. Have you ever returned a product you had bought? Why? | 구입한 상품을 반품해 본 적 있나요? 그 이유는 무엇인가요?

의문사 없는 의문문은 Yes/No로 먼저 답변하고 이유를 덧붙입니다.

> **Q.** Are you willing to buy used furniture? Why?
>
> **A.** Yes, I'm willing to. Furniture is very expensive and I don't have any particular taste in it.
> 네, 구입하겠어요. 가구는 매우 비싸고 저는 가구에 대한 특별한 취향이 없어서요.

PRACTICE

다음 우리말을 보고 각 질문에 알맞은 답을 해보세요.

Part 3_04/ 해설집 p.20

1

Q. How long have you lived in your area, and is your workplace or school near where you live?

A. I have lived in my area for _____ and my school is near where I live.
약 10년 동안
It takes _____ to get there by bus.
15분 정도

2

Q. When was the last time you used a taxi, and where did you take it to?

A. The last time I used a taxi was _____. I took it _____.
지난 금요일   직장에

3

Q. What kind of job do you have now, or what kind of job are you interested in having?

A. I'm interested in _____. I'd like to teach history _____.
교육직   아이들에게

4

Q. How often do you do the dishes? How long does it take?

A. I do the dishes _____. It takes _____.
일주일에 한두 번   약 10분

5

Q. Have you ever volunteered to help with any events in your community? Why or why not?

A. No, I haven't. I don't _____ at home and I don't know
많은 시간을 보내다
_____.
많은 나의 이웃들

6

Q. What was the last piece of sportswear you bought? Where did you buy it?

A. The last piece of sportswear I bought was _____ for my yoga class. I
검은 레깅스 한 벌
bought them _____.
온라인으로

7

Q. Is it a good idea to buy an expensive item online? Why or why not?

A. No, I don't think so. It's better to _____ an expensive item _____.
고르다   직접

PART 3

전략 파악하기 **87**

6번도 3초의 준비 시간 후 15초 동안 답변하는 문제입니다. 첫 번째 질문 후에, 주로 이유를 묻는 질문이 나옵니다.

Q6 주요 빈출 질문 형태 1 | **의문문 + Why (or Why not)?**

Q. Would you like to **buy souvenirs at the festival**? Why or why not?

축제에서 기념품을 사고 싶은가요? 그 이유는 무엇인가요?

Q. What kind of **exercise classes are you interested in**? Why?

어떤 종류의 운동 수업에 관심이 있나요? 그 이유는 무엇인가요?

질문의 정확한 답변과 이유까지 잊지 않고 해줍니다. 이유를 설명할 때는 문장 앞에 It's because를 붙여도 됩니다.

Q. Would you like to <u>buy souvenirs at the festival</u>? Why or why not?

A. Yes, I'd like to <u>buy souvenirs at the festival</u>. Later, they will remind me of the festival.
네, 저는 축제에서 기념품을 사고 싶습니다. 나중에 그것들이 축제를 기억나게 해주니까요.

Q6 주요 빈출 질문 형태 2 | **가정 의문문 + (Why or why not)?**

Q. If you were **buying a new watch**, what features would you look for?

새 시계를 산다면, 어느 기능을 염두에 두시겠습니까?

Q. Would you **take a job that asks you to work abroad**? Why or why not?

해외 근무가 요구되는 일을 택하겠습니까? 그 이유는 무엇인가요?

가정 의문문에 대한 답변은 동사 사용에 특히 유의하세요.

Q. If you were **buying a new watch**, what features would you **look for**?

A. I would **look for a fashionable design**. I want a trendy watch.
저는 패션 감각 있는 디자인을 염두에 두겠어요. 유행하는 시계를 원하거든요.

PRACTICE

다음 우리말을 보고 각 질문에 알맞은 답을 해보세요.

🎧 **Part 3_06**/ 해설집 p.22

1

Q. Which do you buy more often at vending machines: drinks or snacks? Why?

A. I buy drinks more often at vending machines. I _____
커피나 탄산음료를 마십니다
more often than having snacks.

2

Q. When do you usually buy new clothes? Why?

A. I usually buy new clothes when I have _____. I want to make _____.
일자리 면접   좋은 인상

3

Q. If you were looking for a new apartment, would you like to visit the apartment in person before moving in? Why or why not?

A. I'd like to visit the apartment in person before moving in because I need to

_____.
확인하다

4

Q. Is a pleasant workspace important to you when considering a new job? Why?

A. _____. I have to work more than 8 hours every day. I think pleasant
네, 그렇습니다.
workplaces _____.
일을 더 잘하게 만들다

5

Q. Would you prefer to donate online using a home computer or by using a mobile phone to make a payment? Why?

A. I would prefer to donate by using a mobile phone. I always _____, so
내 휴대폰을 갖고 다닌다
it's convenient to use it.

6

Q. Do you think it is better for a book discussion club to meet at a coffee shop or a house? Why?

A. _____ for a book discussion club to meet at a coffee shop,
더 낫다고 생각합니다
because it's _____ for people to get together.
편리한 장소

7

Q. What forms of transportation do you usually use in your area? Why?

A. I usually _____ in my area because there is a bus stop _____.
버스를 이용하다   나의 집 근처에

PART 3

7번 문제는 3초의 준비 시간과 30초의 답변 시간이 주어집니다. 다양한 유형의 질문들이 나오지만, 모든 질문들의 공통점은 답변 후 이유를 제시하는 것입니다.

선호

 빈출 질문　　Which of the following ~? Why (or why not)?

Q. Which of the following would you consider the most important when choosing an apartment complex? Why?
　　· A fitness center　· A spacious parking lot　· A playground

아파트 단지를 고를 때, 다음 중 가장 중요하게 생각하는 것은 무엇입니까? 그 이유는 무엇인가요?
· 피트니스센터 · 넓은 주차장 · 놀이터

A. I would consider a spacious parking lot the most important. I have a car and it's very hard to find a parking space in my city.

넓은 주차장이 가장 중요합니다. 자동차를 가지고 있고, 우리 도시는 주차 공간을 찾기가 매우 어렵습니다.

의견

 빈출 질문　　Do you think ~? Why (or why not)?
　　　　　　　　What do you think ~? Why?

Q. Do you think a watch is a good gift? Why or why not?

시계가 좋은 선물이라고 생각합니까? 그 이유는 무엇인가요?

A. No, I don't think a watch is a good gift. These days most people have mobile phones and don't need a watch.

아니요, 시계가 좋은 선물이라고 생각하지 않습니다. 요즘은 대부분의 사람들이 휴대폰이 있어서 시계가 필요하지 않습니다.

기타 유형 - 가정/장단점/설명

Q7 빈출 질문　　가정:　(If ~,) would you ~? Why?
　　　　　　　　장단점: What are some advantages[disadvantages] of ~?
　　　　　　　　설명:　Describe ~.

Q. What are some advantages of book discussion groups with a mix of men and women of different ages? Why?

다양한 연령대의 남녀가 있는 독서 토론 그룹의 장점들은 무엇입니까? 그 이유는 무엇인가요?

A. One advantage is that you can get a variety of opinions from different people. It can help you be more open-minded.

한 가지 장점은 다양한 사람들에게서 여러 가지 의견을 얻을 수 있다는 점입니다. 그것은 열린 마음을 갖는 데 도움이 됩니다.

PRACTICE

다음 우리말을 보고 각 질문에 알맞은 답을 해보세요.

🎧 **Part 3_08/** 해설집 p.23

1

> **Q.** Do you prefer to **play online games on your mobile phone or your laptop computer?**
> Why?
>
> **A.** I like to play online games _____.
> 내 휴대폰으로
> I _____, so I can play them _____.
> 항상 그것을 가지고 다닌다   언제든지 원할 때

2

> **Q.** If a new coffee shop opened in your neighborhood, would you **go there? Why?**
>
> **A.** Yes, I would go there. I'd like to _____ new coffee drinks or food there
> 맛보다
> and _____.
> 그들의 서비스를 확인하다

3

> **Q.** Which of the following is **the most important consideration for you when buying new**
> sportswear? Why?
>
> • Price • Design • Brand name
>
> **A.** _____ is the most important consideration for me.
> 브랜드 이름
> Brand-name products are _____, so I can wear them for a long
> 품질이 더 좋은 것들
> time.

4

> **Q.** Do you think **having photography skills is important for becoming popular on social**
> media? Why or why not?
>
> **A.** Yes, I do. People prefer _____.
> 이야기보다 사진
> Good pictures _____ from people.
> 주의를 더 끌다

5

> **Q.** What are the advantages of **living in your area?**
>
> **A.** One advantage is that _____ in my area.
> 공원이 많다
> You can _____ and get some fresh air _____.
> 산책을 가다   원하면

PART 3 기출로 훈련하기

1 일상생활

가족, 친구, 거주 시설, 대중교통, 외식, 취미 등의 방법, 장단점, 횟수 문제들이 자주 출제됩니다.

도움 닫기 표현

find a parking space 주차 공간을 찾다
recycle used items 사용한 제품을 재활용하다
make donations 기부하다 (= donate money)
stay healthy 건강을 유지하다
get rid of stress 스트레스를 풀다
get fresh air 신선한 공기를 마시다

water plants 식물에 물을 주다
buy items online 상품을 온라인에서 사다
read people's reviews 사람들의 후기를 읽다
keep A clean A를 깨끗하게 유지하다
use public transportation 대중교통을 이용하다
get advice from my friends 친구들에게 조언을 얻다

STEP 1 우리말을 참고하여 답변을 완성하여 말해 보세요.

🎧 Part 3_10/ 해설집 p.25

> Imagine that a marketing firm is doing research in your country. You have agreed to participate in a telephone interview about cleaning your home.

Q5

Q. How often do you buy cleaning supplies, and when was the last time you bought them?

A. I buy cleaning supplies _____. The last time I bought them
   　　　　　　　　　　　　　일년에 한두 번
was about _____. I bought a sponge mop and some soap.
　　　　　　3개월 전

Q6

Q. Where is the best place to buy cleaning supplies in your area, and why?

A. The best place to buy cleaning supplies is _____,
   　　　　　　　　　　　　　　　　　　　　　　　　　　슈퍼마켓에서
because there are _____ to choose from.
　　　　　　　　　많은 제품들

Q7

Q. What household cleaning task do you do the most often, and why?

A. I clean _____ the most often. All of my family members use the
   　　　　　화장실
same bathroom, and I want to _____. I clean it about
　　　　　　　　　　　　　　　　　그곳을 깨끗하게 유지하다
_____.
일주일에 세 번

STEP 2 우리말을 보고 각 질문에 알맞게 답변을 완성해서 말해 보세요. 🎧 **Part 3_11** / 해설집 p.25

> Imagine that you are talking to a friend on the telephone. You are talking about cars.

Q5

Q. Would it be difficult to find a place to park a car in your area? Why or why not?

A. Yes, it would be difficult. _____
큰 도시에서 산다

_____.
항상 많은 사람들과 차로 붐빈다

Q6

Q. If I want to buy a car in your area, how do you think I should begin my search? Why?

A. I think you should _____.
인터넷에서 검색을 시작하다

_____.
가격, 디자인, 사람들의 후기 확인할 필요

Q7

Q. What factors do you think are important to consider when buying a car, and why?

A. I think the _____.
브랜드 이름이 차를 살 때 고려할 중요한 요소

_____.
누가 만드는지 알아야 한다

_____.
국산 자동차 제조업체 선호 / 좋은 고객 서비스를 제공하기 때문

본인과 관련 없는 주제가 나오더라도 '안 해봤다, 그런 적 없다' 하지 말고, 이야기를 만들어 보세요.

2 전자기기 / 소셜미디어

가전제품, 노트북, 휴대폰, 소셜미디어, 웹사이트, 어플, 문자, 이메일 등과 관련된 문제들입니다.

도움 닫기 표현

Part 3_12

laptop[desktop] computer 노트북/컴퓨터	manage my social media accounts 소셜미디어 계정을 관리하다
household appliances 가전제품	stream music 음악을 스트리밍하다
commercial advertisements 상업 광고	visit people's blogs 사람들의 블로그를 방문하다
send text messages 문자 메시지를 보내다	download applications 어플을 다운받다
talk on the phone 전화로 이야기하다	real-time information 실시간 정보
search on the Internet 인터넷으로 검색하다	read the news online 온라인으로 뉴스를 읽다
check my e-mail 이메일을 확인하다	upload pictures 사진을 올리다

STEP 1 우리말을 참고하여 답변을 완성하여 말해 보세요.

Part 3_13/ 해설집 p.26

Imagine that a marketing firm is doing research in your country. You have agreed to participate in a telephone interview about your TV streaming habits.

Q5

Q. Do you stream TV programs often? What kind of TV programs do you like to watch?

A. Yes, I stream TV programs almost daily. I like to watch _____.
코미디 프로그램
They _____.
나를 웃게 만든다

Q6

Q. When streaming TV programs, do you prefer to use a smartphone or a laptop computer? Why?

A. I use my smartphone to stream TV programs because I watch them
_____.
지하철에서

Q7

Q. When choosing a TV program to watch, which influences you more, reviews or advertisements? Why?

A. Reviews influence me more. I think reviews are _____ than
더 정직한
advertisements. Advertisements always say a program is wonderful, but it isn't
_____.
항상 사실인

Imagine that an American marketing company is doing research in your area about advertising by text message. You have agreed to participate in a telephone interview about commercial advertisement messages.

Q5

Q. How often do you send text messages in a typical day? To whom do you usually send them?

A. I send text messages _____.
적어도 하루 5번

_____.
주로 친구들에게 보낸다

Q6

Q. When was the last time you received a commercial advertisement message? What kind of product or service was it advertising?

A. The last time I received a commercial advertisement message _____.
어제

_____.
온라인 옷 가게 / 새 제품 광고

Q7

Q. Which do you think is a better way for companies to advertise their products and services: text messages or phone calls? Why?

A. I think text messages are better than phone calls. _____

_____.
사람들은 영업사원과의 전화 통화를 좋아하지 않는다

_____.
회사는 문자로 할인 쿠폰을 보낼 수 있다

PART 3

3 편의시설/서비스

스포츠, 여가, 생활 편의 시설이나 서비스에 관련된 문제들로, 이용 횟수, 방법, 사용 이유 등을 묻습니다.

도움 닫기 표현

🎧 Part 3_15

save time and money 시간과 돈을 절약하다	**use a vending machine** 자동판매기를 이용하다
book hotels and flights 호텔과 비행기를 예약하다	**send discount coupons** 할인쿠폰을 보내다
have a variety of items 다양한 상품을 가지다	**it's worth paying** 지불할 가치가 있다
try it on before purchasing 사기 전에 입어보다	**brand-name products** 유명 상표 제품
reasonable prices 합리적 가격	**environmental organization** 환경 단체
earn reward points 포인트를 쌓다	**customer service** 고객 서비스

STEP 1 우리말을 참고하여 답변을 완성하여 말해 보세요.

🎧 Part 3_16/ 해설집 p.28

> Imagine that a marketing firm is doing research in your area. You have agreed to participate in a telephone interview about vending machines, which are machines that sell snacks and other products.

Q5

Q. How often do you make purchases at vending machines, and when was the last time you used one?

A. I make purchases at vending machines _____.

일주일에 한두 번
The last time I used one was last weekend.

Q6

Q. Do you think there should be more vending machines at your school or workplace? Why or why not?

A. Yes, I think so. It is _____ to use vending machines than _____.

더 편리한   상점에 가는 것

Q7

Q. Which of the following products would you be MOST likely to buy from a vending machine? Why?
- Healthy snacks • Coffee • Ice cream

A. I would be most likely to buy coffee from a vending machine. I drink coffee
_____, so I would like to get that from a vending machine.

거의 매일
I _____ healthy snacks or ice cream, so I would not buy

거의 먹지 않는다
them from a vending machine.

> Imagine that someone wants to open a new bakery in your area. You have agreed to participate in a telephone interview about bakeries.

Q5

Q. When was the last time you went to a bakery, and who did you go with?

A. The last time was _____.

어제 / 여동생과 갔다

Q6

Q. What is your favorite item to buy at a bakery, and why?

A. My favorite item is _____.

초콜릿 칩 쿠키

_____.

맛있고 완벽한 식후 디저트

Q7

Q. In addition to baked goods, which of the following would you most like a bakery to offer? Why?
   • Toys for children to play with • Sandwiches • Coffee and tea

A. I would like a bakery to also sell coffee. _____

_____.

커피는 빵과 쿠키를 더 맛있게 해준다

_____.

내가 좋아하는 빵집은 제과 제품과 함께 다양한 커피 음료와 과일 주스를 판다

4 학교/직장

학교 및 직장 관련 문제들은 꾸준히 출제되고, 다른 파트에서도 중요한 주제입니다.

도움 닫기 표현 🎧 Part 3_18

get a job 취직하다	**graduate from school** 학교를 졸업하다
feel motivated to work 일하는 데 동기부여가 되다	**ask questions** 질문하다
get along well with coworkers 동료들과 잘 지내다	**get instant feedback** 즉각적인 피드백을 얻다
commute to work 출퇴근하다	**be promoted** 승진하다
work environment 근무 환경	**start one's own business** 사업을 시작하다
take a vacation 휴가를 얻다	**company[school] cafeteria** 회사[학교] 구내식당
spend time –ing ~하느라 시간을 보내다	**have a part-time job** 아르바이트를 하다

STEP 1 우리말을 참고하여 답변을 완성하여 말해 보세요.

 🎧 Part 3_19/ 해설집 p.29

> Imagine that a career center is doing research in your area. You have agreed to participate in a telephone interview about work and school.

Q5

Q. How many hours a day do you work or go to school, and on what days of the week?

A. I work for about 8 hours a day and I work _____.
　　　　　　　　　　　　　　　　　　　　　　　　　月요일부터 金요일까지

Q6

Q. When did you last take a vacation, and how long did it last?

A. I took a vacation last month and it lasted _____. I visited my
　　　　　　　　　　　　　　　　　　　　　　　일주일

parents.

Q7

Q. Which of the following would be most important to you in a job, and why?
• Interesting tasks • Short distance from work to home • Opportunities to be promoted to higher positions

A. A short distance from work to home would be most important to me. I wouldn't

have to _____ getting to work. So, I could
　　　　　　많은 시간을 보내다

_____ and sleep more every morning.
　　시간을 절약하다

Imagine that you are talking to a friend on the telephone. You are talking about a cafeteria at your work or school.

Q5 When did you last eat at a cafeteria at work or school? What did you eat?

A. I last ate _____.
학교 구내식당 / 지난주

_____.
피자와 스파게티

Q6 Q. Which would you prefer to eat at your work or school cafeteria, breakfast or lunch? Why?

A. I'd prefer _____. _____.
점심   점심에는 메뉴가 더 많다

Q7 Q. Describe what you like best about a cafeteria at your work or school.

A. What I like best about my school cafeteria is that it offers _____.
다양한 메뉴

_____.
새롭고 다른 음식들을 먹어보는 것을 좋아한다

_____.
게다가 구내식당은 저렴해서 새로운 음식들을 저렴한 가격에 먹을 수 있다

학생인데, 직업 관련 문제라면
'When I had a part-time job, ~'
직장인인데, 학교 관련 문제라면,
'When I was at school, ~' 으로
융통성 있게 답변합니다!!

ACTUAL TEST

음원을 들으며 테스트해 보세요.

1

TOEIC Speaking	

Questions 5-7: Respond to questions

Directions: In this part of the test, you will answer three questions. You will have three seconds to prepare after you hear each question. You will have 15 seconds to respond to Questions 5 and 6 and 30 seconds to respond to Question 7.

TOEIC Speaking	Questions 5-7 of 11	

Imagine that a U.S. marketing firm is doing research in your country. You have agreed to participate in a telephone interview about laptop computers.

Question 5: How many different computers do you use, and where do you use them?

PREPARATION TIME	RESPONSE TIME
00:00:03	00:00:15

Question 6: Do most people you know prefer to use laptop computers or desktop computers? Why?

PREPARATION TIME	RESPONSE TIME
00:00:03	00:00:15

Question 7: Do you use a laptop computer more or less often than you did five years ago? Why?

PREPARATION TIME	RESPONSE TIME
00:00:03	00:00:30

2

Questions 5-7: Respond to questions

Directions: In this part of the test, you will answer three questions. You will have three seconds to prepare after you hear each question. You will have 15 seconds to respond to Questions 5 and 6 and 30 seconds to respond to Question 7.

Imagine that a travel magazine is doing research in your area. You have agreed to participate in a telephone interview about visiting other countries.

Question 5: Have you ever traveled to a foreign country? Why or why not?

PREPARATION TIME	RESPONSE TIME
00:00:03	00:00:15

Question 6: What is one foreign country you would like to visit in the future, and why?

PREPARATION TIME	RESPONSE TIME
00:00:03	00:00:15

Question 7: If you traveled to another country, how much time would you prefer to spend there? Why?

PREPARATION TIME	RESPONSE TIME
00:00:03	00:00:30

주제별 핵심 답변 문장

🎧 Part 3_23

주제별 빈출 질문과 핵심 답변 문장을 익혀 두고 잘 활용해 보세요. 핵심 답변 외에 추가 문장도 연습해 두면 유용합니다.

일상생활

집안일

Q 매일 얼마나 자주 설거지를 합니까?

핵심 답변 I wash the dishes once or twice a day. 하루에 한두 번 설거지를 합니다.
추가 문장 It takes about 10 minutes. 약 10분 정도 걸립니다.

쇼핑

Q 마지막으로 구매한 운동복은 무엇이었습니까?

핵심 답변 I bought a black T-shirt for my yoga class.
요가 수업을 위해 검은 티셔츠를 샀습니다.
추가 문장 I bought it online. 그것을 온라인에서 샀습니다.

반려 동식물

Q 반려 동물을 키우는 장점은 무엇입니까?

핵심 답변 I feel less lonely. 덜 외롭습니다.
추가 문장 I consider them my family. 그들을 내 가족으로 여깁니다.

거주지

Q 당신이 사는 지역의 장점들은 무엇입니까?

핵심 답변 There are many parks in my area. 공원이 많습니다.
추가 문장 I can take walks and get some fresh air. 산책도 하고 신선한 공기를 마십니다.

혼자 / 함께

Q 영화를 혼자 보는 것을 좋아합니까, 사람들과 함께 보는 것을 좋아합니까?

핵심 답변 I prefer to watch movies with my friends.
친구들과 영화 보는 것을 더 좋아합니다.
추가 문장 We can talk about the movies and have fun. 영화 이야기도 하고 즐겁습니다.

선물 / 기념품

Q 결혼 선물을 직접 만들어 주시겠습니까?

핵심 답변 No. I would buy a wedding gift. 아니오, 결혼 선물은 사겠습니다.
추가 문장 I don't have any artistic skills. 저는 예술적 재능이 없습니다.

재활용

Q 도시는 재활용 시스템을 위해 더 투자해야 합니까?

핵심 답변 Yes, the city should invest more. 네, 도시는 더 투자해야 합니다.
추가 문장 It is good for our environment. 그것이 환경을 위해 좋습니다.

휴대폰

Q 온라인 게임을 휴대폰으로 합니까? 아니면 노트북으로 합니까?

핵심 답변 I play online games on my mobile phone. 휴대폰으로 온라인 게임을 합니다.

추가 문장 I always carry it, so I play them whenever I want.
항상 휴대폰을 가지고 다녀서, 원하면 언제든지 합니다.

가전제품

Q 가전제품을 살 때 가장 고려하는 것은?

핵심 답변 I consider having a brand name most important.
브랜드 이름이 있는 것을 가장 중요하게 생각합니다.

추가 문장 Brand-name products are better quality and I can use them for a long time. 브랜드 상품들은 품질이 좋고 오래 사용할 수 있습니다.

인터넷 정보

Q 마지막으로 인터넷으로 요리법을 찾아본 것은 언제입니까?

핵심 답변 The last time I used the Internet to look up a food recipe was last week. 마지막으로 요리법을 찾느라 인터넷을 사용한 것은 지난주였습니다.

추가 문장 The instructions were very easy to follow. 요리법들은 따라 하기에 쉬웠습니다.

소셜미디어

Q 여행지를 결정할 때, 선택 기준은 무엇입니까?

핵심 답변 Popularity on social media is the most important to me.
소셜미디어에서의 인기가 제게는 가장 중요합니다.

추가 문장 I like to read people's reviews and check their pictures.
사람들의 후기를 읽고 사진을 확인하는 것을 좋아합니다.

자판기

Q 자판기에서 음료수나 간식 중에 무엇을 더 자주 삽니까?

핵심 답변 I buy drinks more often. 저는 음료수를 더 자주 삽니다.

추가 문장 I drink coffee or soda very often. 커피나 탄산음료를 굉장히 자주 마십니다.

문자

Q 주로 누구에게 문자를 보냅니까?

핵심 답변 I usually send text messages to my friends or family.
친구들이나 가족에게 보냅니다.

추가 문장 I send five or six text messages a day. 하루에 대여섯 개의 문자를 보냅니다.

어플

Q 주로 교육 관련 어플을 구매합니까, 아니면 게임 어플을 구매하십니까?

핵심 답변 I usually purchase game applications. 주로 게임 어플을 구매합니다.

추가 문장 They help me get rid of stress.
그것들은 제가 스트레스를 해소하는 데 도움이 됩니다.

택시

Q 택시를 마지막으로 이용한 것은 언제입니까?

핵심 답변 The last time I used a taxi was last Friday.
택시를 마지막으로 이용한 것은 지난 금요일이었습니다.

추가 문장 I took it to work. 택시를 타고 직장에 갔습니다.

대중교통

Q 어떤 대중교통을 이용합니까?

핵심 답변 I usually use buses. 주로 버스를 이용합니다.

추가 문장 There is a bus stop near my house. 집 근처에 버스 정류장이 있습니다.

스트리밍

Q 스트리밍 서비스로 영화를 볼 때 중요한 것은 무엇입니까?

핵심 답변 The most important thing is reasonable prices.
가장 중요한 것은 합리적인 가격입니다.

추가 문장 I can use discount coupons. 할인 쿠폰을 사용할 수 있습니다.

광고

Q 회사들은 제품을 광고하기 위해 사람들에게 주로 어떻게 연락을 취하나요?

핵심 답변 They send a text message with a link to their Web site.
웹사이트 링크와 함께 문자 메시지를 보냅니다.

추가 문장 The message attracts people's interest. 메시지는 사람들의 관심을 끕니다.

헬스클럽

Q 헬스클럽에 등록하기 전에 직접 방문하시겠습니까?

핵심 답변 Yes. I would visit the gym in person. 네, 직접 가보겠습니다.

추가 문장 I would need to check the exercise machines.
운동기구들을 확인할 필요가 있습니다.

공과금

Q 집에서 누가 수도세를 냅니까?

핵심 답변 I pay the water bill. 제가 냅니다.

추가 문장 I live alone and pay all utility bills. 혼자 살고 있으므로 공과금은 전부 제가 냅니다.

배달

Q 온라인 음식 배달의 장점은 무엇입니까?

핵심 답변 I can save time. 시간을 절약할 수 있습니다.

추가 문장 Also, different types of food are all available.
또한, 다양한 음식들을 모두 주문할 수 있습니다.

학교/체육

Q 학교에서 체육 활동이 필요합니까?

핵심 답변   Yes, it helps students become healthy.   네, 학생들이 건강해지도록 도와줍니다.

추가 문장   They can get rid of stress by playing sports.
운동을 함으로써 스트레스를 해소할 수 있습니다.

통근/통학

Q 직장이나 학교가 사는 곳에서 가까운가요?

핵심 답변   Yes, my school is near my house.   네, 학교가 집 근처에 있습니다.

추가 문장   It takes about 10 minutes by bus.   버스로 10분 정도 걸립니다.

면접

Q 전화 면접을 선호합니까, 대면 면접을 선호합니까?

핵심 답변   I prefer to have a job interview in person.   대면으로 면접 보는 것을 선호합니다.

추가 문장   I can show how much I want the job.
제가 얼마나 그 일자리를 원하는지 보여줄 수 있습니다.

근무 환경

Q 쾌적한 근무 공간이 중요합니까?

핵심 답변   Yes, because I work more than 8 hours a day.
네, 왜냐하면 8시간 이상 근무하기 때문입니다.

추가 문장   I want to spend that time comfortably.   그 시간을 편안하게 보내고 싶습니다.

직업 선택

Q 어떤 종류의 직업에 관심이 있습니까?

핵심 답변   I'm interested in teaching jobs.   교육직에 관심이 있습니다.

추가 문장   I would like to teach history to children.   아이들에게 역사를 가르치고 싶습니다.

팀 리더

Q 팀의 리더가 되는 것의 단점은 무엇입니까?

핵심 답변   I may feel stressed when making decisions.
결정을 내릴 때 스트레스를 받을지도 모릅니다.

추가 문장   It is difficult to make all team members happy.
모든 팀원들을 만족시키기 어렵습니다.

재택근무

Q 재택근무를 선호합니까?

핵심 답변   Yes, I prefer telecommuting.   네, 선호합니다.

추가 문장   It removes the stress of commuting.   통근하는 스트레스를 없애줍니다.

PART 3

PART 4

Respond to questions using information provided

PART 4 미리보기

기초 다지기

전략 파악하기
1 표 내용 파악하기
2 질문 잘 듣기
3 Q8 답변 방식 익히기
4 Q9 답변 방식 익히기
5 Q10 답변 방식 익히기

기출로 훈련하기
1 회의 / 행사 일정
2 강의 / 프로그램
3 출장 / 개인 일정
4 이력서 / 인터뷰

ACTUAL TEST

주제별 필수 답변 문장

PART 4 미리보기

Part 4는 주어진 표를 보고 상대방이 잘못 알고 있거나 모르는 내용에 대해 옳은 정보를 말해주는 유형의 시험입니다. 표는 행사 일정표, 여행 일정, 강의 프로그램, 이력서 등의 종류가 제시되며, 총 3문제가 나옵니다.

PART 4 시험에 대해 알아 두세요

문제 수	3문제 (Questions 8-10)
답변 준비 시간	정보 읽는 시간: 45초, 답변 준비 시간: 문제당 3초
답변 시간	8번: 15초, 9번: 15초, 10번: 30초
평가 기준	발음, 억양과 강세, 문법, 어휘, 일관성, 내용의 관련성, 내용의 완성도
채점 점수	0-3점

PART 4에는 이런 표가 나와요

표 종류	주요 내용
회의/행사 일정	회의, 워크숍, 세미나 등 다양한 행사의 일정표
강의/프로그램	학교 강의, 교육 프로그램, 직원 연수 등의 일정표
출장/개인 일정	개인의 출장이나 일일 스케줄 등의 일정표
이력서/인터뷰	개인의 이력서나 면접 일정표

ETS가 제안하는 꿀팁!

어떤 종류의 문서인지 확인하세요.

질문에 대한 응답을 주어진 표에서 찾아야 하기 때문에 표가 어떤 종류인지 알면 정보를 더 효율적으로 찾을 수 있습니다. 시간별 또는 행사별 스케줄인지, 사람의 이름이 제시되어 있는지, 장소에 관한 언급이 있는지 등을 주의 깊게 살피며 어떤 종류의 문서인지 확인해 두도록 합니다.

답은 화면 안에 있으므로 질문에서 무엇을 물어보는지에 집중하여 들으세요.

화면 속 표 안에 8, 9, 10번 질문에 응답하기 위해 필요한 모든 정보가 들어 있습니다. 따라서 질문에서 요구하는 것이 정확히 무엇인지에 정신을 집중하여, 지시 사항에 따라 답변하도록 합니다. 질문은 8,9번은 1회, 10번은 2회 들려줍니다.

질문에서 요구하는 정보를 먼저 말하세요.

질문을 듣고, 전달해야 할 가장 중요한 정보가 무엇인지 먼저 인식해야 합니다. 이에 대한 정보를 표에서 찾아 매끄럽고 명확하게 말한 후에, 시간이 남으면 추가 정보를 덧붙여도 됩니다.

상황을 연출하여 연습해 보세요.

상대의 얼굴을 보지 않는 상황을 연출하여 '회의는 몇 시에 시작하나요?', '회의는 몇 시에 끝나요?', '회의의 이름은 무엇인가요?', '회의 장소는 어디인가요?' 등의 주제로 묻고 답하는 연습을 해보세요. 문서에 관해 생각할 수 있는 모든 것을 물을 때까지 역할을 바꿔가며 연습하다 보면, 정보를 찾아내는 능력과 정보를 말하는 능력을 모두 향상시킬 수 있습니다.

1 전치사 익히기

🎧 Part 4_01

파트 4에서는 제시된 표 안에 들어 있는 정보를 정확한 전치사를 사용하여 답변하는 것이 중요합니다.

시간 전치사

at 시간
at 4:30 P.M. 오후 4시 30분에   **at noon** 정오에

on 요일/날짜
on Tuesday 화요일에   **on May 15** 5월 15일에

in 월/연도
in August 8월에   **in 2021** 2021년에

장소 전치사

in(~ 안에) 공간/도시/국가
in Room 305 305호실 안에   **in the conference room** 회의실 안에
in Australia 호주에   **in Paris** 파리에

at(~에) 구체적인 지점/주소 번지수
at 122 Byron St. 바이런 가 122번지에   **at Carlton Co.** 칼튼 사에
at JFK Airport JFK 공항에   **at the Regal Theater** 리갈극장에

on 도로명/층수
on Main Street 메인 가에   **on Maple Avenue** 메이플 가에
on the 5th floor 5층에   **on the 2nd floor** 2층에

PRACTICE 다음 빈칸에 알맞은 전치사를 넣으세요.
🎧 Part 4_02/ 해설집 p.33

1 The workshop will be held _____ Room 501 _____ the fifth floor.
   워크숍은 5층에 있는 501호에서 열릴 예정입니다.

2 The conference will start _____ noon _____ May 2.
   회의는 5월 2일 정오에 시작될 예정입니다.

3 You will meet Mr. McNulty _____ Madison's restaurant _____ Piccaddily Avenue.
   당신은 피카딜리 가에 있는 매디슨 식당에서 맥널티 씨를 만날 예정입니다.

2 숫자 읽기

도표 안에 나오는 여러 가지 형태의 숫자를 정확히 읽는 것이 중요합니다.

시간

시간, 분의 순서대로 읽습니다.

9:00 A.M. nine A.M.   **4:00–5:00 P.M.** from 4 to 5 P.M.

월, 일

날짜 끝의 숫자에 th를 붙여 서수로 읽으며, 1, 2, 3, 5는 first, second, third, fifth로 읽습니다.

Feb. 1 February first   **Dec. 15** December fifteenth

연도

2000년 이전은 숫자 두 개씩 끊어 읽고, 2000년 이후에는 two thousand로 시작하여 전체로 읽습니다.

1996 nineteen ninety-six   **2020** two thousand twenty

금액

'$' 표시 뒤에 숫자는 ~ dollar(s)로 읽고 '.' 뒤는 cent(s)입니다.

$130 one hundred (and) thirty dollars   **$4.50** four dollars (and) fifty cents

기타 숫자

퍼센트는 단수형으로 읽고, 방 번호, 비행기 번호, 주소 등은 한 자리씩 읽기도 하고 두 자리씩 묶어서 읽기도 합니다.

20% twenty percent   **Room 101** room one oh one

Fight No. 234 flight number two thirty-four 또는 flight number two three four

860 Jason St. eight six oh[zero] Jason Street 또는 eight sixty Jason Street

숫자 0은 알파벳 o[oh]라고 발음해도 됩니다.

PRACTICE 다음 밑줄 친 숫자 정보를 읽어보세요.

🎧 Part 4_04/ 해설집 p.33

1 Your interview will take place on <u>May 23</u>. 면접은 5월 23일입니다.

2 The center is at <u>105</u> Holland St. 센터는 홀랜드 가 105번지에 있습니다.

3 The lunch break is from <u>12</u> to <u>1:20</u>. 점심시간은 12시부터 1시 20분까지입니다.

4 The fee is <u>50</u> dollars. 요금은 50달러입니다.

5 He worked at Royal Bank in <u>2017</u>. 그는 2017년에 로얄은행에서 일했습니다.

전략 파악하기

1 표 내용 파악하기

파트 4에서는 표의 내용을 파악하도록 준비 시간 45초가 주어집니다. 주어진 시간에 표의 종류를 파악하고, 세부 사항과 전체적인 사항, 특이 사항 등을 이해하는 것이 중요합니다.

| **Information Technology Seminar** | Bellows University |

Location: Emmons Hall
Date: Saturday, February 10
Cost: $25(*free with student ID*)

9–10 A.M.	Coding for Social Media–Dan Ford, Bellows University
10–11 A.M.	Sensors and Applications–Olga Bazin, Bellows University
11 A.M.–noon	Reverse Engineering–Anna Min, PXP Tech
Noon–1 P.M.	Lunch Break
1–2 P.M.	Game Development–Ryan Jacobi, Mox Games, Inc.
2–3 P.M.	Documentary: *The Rise of Social Media* (with group discussion)

❶ 표의 일반 사항
❸ 특이 사항
❷ 세부 사항

❶ 표의 일반 사항	제시되는 정보의 윗부분에는 항상 행사 제목이나 장소, 행사 날짜, 기간 등이 있어서, 어떤 유형의 표인지 파악할 수 있습니다. 주로 8번 문제의 답으로 이용됩니다.
❷ 세부 사항	시간대별 일정 / 행사 내용 / 진행자 / 장소 등의 자세한 정보가 있고, 공통적인 정보들(같은 사람, 같은 주제, 같은 장소 등)을 확인해야 합니다. 주로 10번 문제의 답으로 이용됩니다.
❸ 특이 사항	가격, 취소 변경 사항, 제공되는 서비스 등을 알 수 있는데, 특히 괄호( ) 안의 정보가 중요합니다. 주로 9번 문제의 답으로 많이 이용됩니다.

자주 나오는 설정 유형

Part 4에서는 표와 함께 내레이션으로 특정 설정이 주어집니다. 아래와 같이 세부 정보를 요청하거나 확인을 부탁하는 설정이 주를 이룹니다.

Hi, **I'm interested in** 행사. I'd like to **know some details [get some more information]**.
Hello, **this is** 사람. **I have lost [misplaced]** my schedule for 행사/일정.
I was hoping you'd **answer some questions about it**.
I'm attending 행사. I'm hoping you can **confirm a few details** for me.

2 질문 잘 듣기

파트 4는 화면에 표가 계속 보여지고, 질문은 전화 대화 형태의 듣기로 전해집니다.
따라서 자주 출제되는 문제 패턴을 위주로 핵심어 듣기 연습이 매우 중요합니다.

다 듣기 힘들어도, 질문 맨 처음에
나오는 의문사나 도표 안에 나오는
이름, 행사명은 놓치지 마세요 !!

빈출 질문 패턴

시간 / 날짜	What time ~?	몇 시에 ~
	When ~?	언제 ~
	On what day[date] ~?	어느 요일[날짜]에~
장소	Where ~?	어디에서?
	What's the address ~?	주소는?
주최자 / 진행자	Who ~? / Is 사람 이름?	누가/(이름)이 ~?
	Does the president ~?	회장님이 ~?
특정 시간 / 요일 행사	~ in the afternoon?	오후에(특정시간 대)?
	~ on July 2nd?	7월 2일에(특정 날짜에)?
특이 사항	As far as I know, ~	제가 알기로는 ~
	I heard ~	제가 듣기로는 ~
	One of my coworkers told me ~	직장 동료가 말하기를 ~

PART 4

PRACTICE

다음 문장을 잘 듣고 빈칸을 채워보세요.　　　　　　　🎧 **Part 4_05**/ 해설집 p.33

1　_____ is the _____ of the community center, and
　_____ do classes _____?

2　_____ does it cost to take _____?

3　What is my _____ in the morning, and _____ will it start?

4　I'm interested in the _____ class. That's on _____, right?

5　I heard that the _____ to take a _____ is _____.
　Is that correct?

6　Could you give me all the details of any _____ that begin _____ P.M.?

7　Could you tell me about the sessions that _____ is leading?

8번 문제에서는 주로 의문사를 이용하여 표 윗부분에 있는 행사의 일반적 정보(장소, 날짜, 시간, 첫 행사, 마지막 행사 등)를 묻는 질문이 주로 나옵니다.

Information Technology Seminar	Bellows University

Location: Emmons Hall
Date: Saturday, February 10
Cost: $25 *(free with student ID)*

9–10 A.M.	Coding for Social Media–Dan Ford, Bellows University
10–11 A.M.	Sensors and Applications–Olga Bazin, Bellows University
11 A.M.–noon	Reverse Engineering–Anna Min, PXP Tech
Noon–1 P.M.	Lunch Break
1–2 P.M.	Game Development–Ryan Jacobi, Mox Games, Inc.
2–3 P.M.	Documentary: *The Rise of Social Media* (with group discussion)

날짜/장소 답변하기

행사/일정 will be on 날짜 (요일) in/at 장소.
행사/일정 begins[starts] at 시간 and ends at 시간.
There is 행사/일정 from 시작 시간 to 종료 시간.

행사/일정은 ~일 ~시입니다.
행사/일정은 ~에 시작해서 ~에 종료됩니다.
~부터 ~까지 행사/일정이 있습니다.

Q. What is the date of the seminar, and where will it take place? 세미나 날짜는 언제이며, 어디서 열립니까?

A. It will be on Saturday, February 10th in Emmons Hall. 그것은 2월 10일 토요일에 에몬스 홀에서 열립니다.

시간/진행자 답변하기

사람 will lead[give] 행사/일정 on 주제 at 시간.
행사 on 주제 will be led[given] by 사람.
The presenter is 사람 from 장소.

…씨는 ~(시간)에 ~에 관한 행사를 진행합니다.
~에 관한 ~행사는 …씨에 의해 진행됩니다.
발표자는 ~에서 오신 …씨입니다.

Q. What time does the first session start, and who is leading it? 몇 시에 첫 세션이 진행되고, 누가 진행합니까?

A. The first session on Coding for Social Media starts at 9 A.M., and it will be led by Dan Ford from Bellows University.
소셜미디어를 위한 코딩 관련 첫 세션은 오전 9시에 시작하고, 벨로우즈 대학에서 오신 댄 포드 씨에 의해 진행됩니다.

PRACTICE

다음 표에 관한 질문의 빈칸을 채우고, 질문에 알맞은 답을 해보세요.

Part 4_07/ 해설집 p.34

1

Foodtown Store Staff Meeting

Meeting Room, May 21st

8:30 – 9:00	Finance Update	Carmi Gilmore, accounting manager
9:00 – 9:30	Refund Policy Review	Jason Pun, customer service manager
9:30 –10:00	New Locations	Matthew Brewbaker, head manager
	Greenfield Plaza (Grand Opening: June 1st)	
	Maywood Mall (Grand Opening: June 22nd)	
10:00 –10:30	New Delivery Software	Todd Gallo, shipping manager
	(to be released next week)	

Q. _____ is going to give the finance update? And _____ will it begin?

A. _____ will give the finance update at _____.

2

National Lights Conference

The Hyness Convention Center
November 13

9:00–10:00	Opening Speech	Jordon Osborn, NLA president
10:00–11:00	Panel Discussion: Luminaire Designs	
11:00–12:00	Workshop: Lighting Education	Jeremy Jones, interior designer
12:00–1:00	Buffet Lunch	Hyness Restaurant (2nd fl.)
1:00–2:00	Workshop: Newest Lighting Products	Alex Blanco, architect
2:00–3:00	Group Discussion: Networking Opportunities	

Q. _____ does the conference begin, and _____ is the _____ on the schedule?

A. It will begin at _____, and the first session is _____ given by _____, the NLA president, _____.

9번 문제는 본인이 알고 있는 내용을 묻는 일반 의문문 또는 마지막에 확인하는 부가 의문문 형태로, 주로 잘못된 정보를 알고 있거나 추가 설명이 필요한 질문 등이 출제됩니다.

Information Technology Seminar	Bellows University

Location: Emmons Hall
Date: Saturday, February 10
Cost: $25(*free with student ID*)

9–10 A.M.	Coding for Social Media–Dan Ford, Bellows University
10–11 A.M.	Sensors and Applications–Olga Bazin, Bellows University
11 A.M.–noon	Reverse Engineering–Anna Min, PXP Tech
Noon–1 P.M.	Lunch Break
1–2 P.M.	Game Development–Ryan Jacobi, Mox Games, Inc.
2–3 P.M.	Documentary: *The Rise of Social Media* (with group discussion)

> 괄호( ), 별표 *, 취소(canceled), 가격 차이, 마감일(deadline), 사람 이름, 점심 등을 주의 깊게 보세요!!

잘못된 내용 확인해주기

Actually,	실은, 실제로는
No. / I'm afraid not.	아닙니다. / 죄송하지만 아닙니다.
That's not correct. / That's incorrect.	틀립니다.

Q. I'm a student here at Bellows. How much will I have to pay to attend?
저는 벨로우즈 학생입니다. 참가하려면 얼마를 내야 합니까?

A. Actually, it is free if you have your student ID. 실은, 학생증을 갖고 계시면 무료입니다.

일정 확인해주기

You will ~ at 시간 (on 요일) on 날짜.	당신은 ~(날짜, 요일, 시간)에 ~을 하십니다.
The session finishes at ~. You won't miss anything.	세션은 ~에 끝납니다. 아무것도 놓치지 않을 겁니다.
You don't have to ~.	~하실 필요는 없습니다.

Q. I have other plans in the evening, so I'll have to leave at 3 P.M. Will that be a problem?
저녁에 다른 일이 있어서, 오후 3시에 떠나야 합니다. 문제가 될까요?

A. Actually, the last session finishes at 3 P.M., so you won't miss anything.
실은, 마지막 세션이 3시에 끝나서 놓치시는 건 없을 거예요.

PRACTICE

다음 표에 관한 질문의 빈칸을 채우고, 질문에 알맞은 답을 해보세요.

Part 4_09/ 해설집 p.35

1

Foodtown Store Staff Meeting

Meeting Room, May 21st

8:30-9:00	Finance Update	Carmi Gilmore, accounting manager
9:00-9:30	Refund Policy Review	Jason Pun, customer service manager
9:30-10:00	New Locations	Matthew Brewbaker, head manager
	Greenfield Plaza (Grand Opening: June 1st)	
	Maywood Mall (Grand Opening: June 22nd)	
10:00-10:30	New Delivery Software	Todd Gallo, shipping manager
	(to be released next week)	

Q. _____ will be released _____ after the meeting, right?

A. _____, the new delivery software will be released _____.

2

National Lights Conference

The Hyness Convention Center
November 13

9:00–10:00	Opening Speech	Jordon Osborn, NLA president
10:00–11:00	Panel Discussion : Luminaire Designs	
11:00–12:00	Workshop: Lighting Education	Jeremy Jones, interior designer
12:00–1:00	Buffet Lunch	Hyness Restaurant (2nd fl.)
1:00–2:00	Workshop: Newest Lighting Products	Alex Blanco, architect
2:00–3:00	Group Discussion : Networking Opportunities	

Q. I think the _____ starts right _____.
Can you check on that for me?

A. _____, the Newest Lighting Products workshop will _____
at 1. It will be _____ Alex Blanco, an architect.

10번 문제에서는 같은 시간대별(오전/오후)이나, 공통 사항들(주제, 진행자)을 묻는 경우가 많습니다. 답변을 빠짐없이 순서대로 나열하는 것이 중요합니다. 질문은 두 번 들려줍니다.

Information Technology Seminar	Bellows University

Location: Emmons Hall
Date: Saturday, February 10
Cost: $25 *(free with student ID)*

9–10 A.M.	Coding for Social Media–Dan Ford, Bellows University
10–11 A.M.	Sensors and Applications–Olga Bazin, Bellows University
11 A.M.–noon	Reverse Engineering–Anna Min, PXP Tech
Noon–1 P.M.	Lunch Break
1–2 P.M.	Game Development–Ryan Jacobi, Mox Games, Inc.
2–3 P.M.	Documentary: *The Rise of Social Media* (with group discussion)

> 반복되는 단어나 표에서 공통점이 있는 정보를 찾아 냅니다.

세부 사항 나열하기

There are[will be] two 행사/일정.	두 개의 행사/일정들이 있습니다[있을 겁니다].
(The first) one is A, and the other (one) is B.	(처음) 하나는 A이고, 다른 하나는 B입니다.
There is one **called** ~, **and** there is another one **called** ~.	~라는 것 하나가 있고, ~라는 것 또 하나가 있습니다.

Q. I'm hoping to have a career working in social media. Can you give me all the details of any sessions that deal specifically with social media?
소셜미디어 분야에서 일하며 경력을 쌓고 싶습니다. 특히 소셜미디어를 다루는 행사에 대해 자세히 설명해주시겠습니까?

A. Let me see. I think there are two sessions on social media.
One is "Coding for Social Media," from 9 to 10. The presenter is Dan Ford from Bellows University.
The other one is the documentary "The Rise of Social Media," from 2 to 3. It will be with a group discussion.
잠깐만요. 소셜미디어에 관련된 두 가지 행사가 있습니다. 하나는 9시부터 10시까지 진행되는 소셜미디어 코딩입니다. 발표자는 벨로우즈 대학교의 댄 포드 씨입니다. 다른 행사는 2시부터 3시까지 상영되는 소셜미디어의 성공이라는 다큐멘터리입니다. 단체 토론도 있습니다.

다음 표에 관한 질문의 빈칸을 채우고, 질문에 알맞은 답을 해보세요.　🎧 **Part 4_11/** 해설집 p.36

1

Foodtown Store Staff Meeting
Meeting Room, May 21st

8:30 - 9:00	Finance Update	Carmi Gilmore, accounting manager
9:00 - 9:30	Refund Policy Review	Jason Pun, customer service manager
9:30 - 10:00	New Locations Greenfield Plaza (Grand Opening: June 1st) Maywood Mall (Grand Opening: June 22nd)	Matthew Brewbaker, head manager
10:00 - 10:30	New Delivery Software (to be released next week)	Todd Gallo, shipping manager

Q. I would like to know more about the presentation on the _____.
Can you tell me about it in detail?

A. _____. The session on new locations _____ Matthew
Brewbaker, the head manager, from 9:30 to 10. One location is _____,
and its grand opening is _____. _____ at Maywood
Mall, and _____ on June 22nd.

2

National Lights Conference
The Hyness Convention Center
November 13

9:00–10:00	Opening Speech	Jordon Osborn, NLA president
10:00–11:00	Panel Discussion : Luminaire Designs	
11:00–12:00	Workshop: Lighting Education	Jeremy Jones, interior designer
12:00–1:00	Buffet Lunch	Hyness Restaurant (2nd fl.)
1:00–2:00	Workshop: Newest Lighting Products	Alex Blanco, architect
2:00–3:00	Group Discussion : Networking Opportunities	

Q. Are there any _____ during this conference? If so, could you tell me about
all _____ in detail?

A. Sure. There are _____. _____
the "Panel Discussion on Luminaire Designs" from 10 to 11 A.M.
_____ the "Group Discussion on Networking
Opportunities" from 2 to 3 P.M.

PART 4 기출로 훈련하기

1 회의/행사 일정

가장 많이 출제되는 유형으로 8번은 행사 장소, 시간, 첫 행사, 9번은 진행자와 행사에 대한 내용 일치, 비용이나 마감일, 시간 확인, 10번은 공통 내용을 묻는 질문들이 많습니다.

STEP 1 우리말을 참고로 표에서 알맞은 정보를 찾아 답변을 완성하여 말해 보세요. 🎧 **Part 4_12 /** 해설집 p.37

Publishing Association—Annual Conference
October 24, Royal Oak Conference Center ● 행사 이름/장소/ 기간

각 세션의 시작 시간/ 종료 시간 ●

9:30–10:15 A.M.	President's Welcome (Beth Green, Association President)
10:30–11:45 A.M.	Presentation: Working with Fiction Authors (Ming Li, Millstone Publishers)
Noon–1:15 P.M.	Lunch Break
1:30–2:45 P.M.	Presentation: Publishing Textbooks and Manuals (Chad Brantley, Millstone Publishers)
3:00–3:15 P.M.	Coffee Break
3:30–5:00 P.M.	Workshop: Marketing Tips and Tricks (Alex Silva, The Asbury Corporation)

● 각 세션의 제목 진행자 직위/소속/ 점심/휴식

Q8

Q. What is the first thing on the agenda, and what time does it start?

A. The first thing is the "President's Welcome." It will be _____ Beth
　　~에 의해 진행되는
Green, the association president. _____ at 9:30.
　　　　　　　　　　시작한다

Q9

Q I'm really interested in the workshop Alex Silva will present. That workshop will be
about electronic publications, right?

A. _____, Alex Silva's workshop will be _____.
　　실은　　　　　　　　　　　　　　　　　　　　　　　　　　마케팅에 관한

Q10

Q. I used to work for Millstone Publishers, so I'd like to attend the presentations by their
staff. Can you give me all of the details for those presentations?

A. Sure, _____ led by people from Millstone Publishers. _____
　　　　두 개의 발표가 있다　　　　　　　　　　　　　　　　　　　　　　　첫 번째는
"Working with Fiction Authors," led by Ming Li from 10:30 to 11:45. _____
　　　　　　　　　　　　　　　　　　　　　　　　　　　　　　　　　　　다른 하나는
"Publishing Textbooks and Manuals," led by Chad Brantley from 1:30 to 2:45.

Sakura Restaurant

Private Room Reservations: July

Date	Time	Occasion	Notes
July 3	5–7 P.M.	Soccer team party	
July 7	3–5 P.M.	Retirement party	Provide vegetarian options
July 12	7–10 P.M.	Rond Company dinner meeting	
July 19	7–9 P.M.	High school graduation party	
July 22	2–5 P.M.	Birthday party	Chocolate cake requested
July 29	5–8 P.M.	Mathis family get-together	
July 31	6–10 P.M.	Greene anniversary party	

Q8

Q. What is _____ of the first event, and _____ of event is it?

A. The first event _____.

Q9

Q. I remember that there's _____ on _____.

The high school graduation party _____, doesn't it?

A. No, the high school _____.

Q10

Q. I need to make sure we have enough staff on days when there are

_____. Can you give me all the details of events

that begin _____?

A. OK, we have _____.

The first one _____

_____.

2 강의/프로그램

8번은 강의나 프로그램 장소, 일정, 첫 수업, 9번은 강사와 수업 내용 일치, 비용이나 수업일 확인, 10번은 특정 인물, 특정 주제, 특정 요일 등의 공통내용을 묻는 질문들이 많습니다.

STEP 1 우리말을 참고로 표에서 알맞은 정보를 찾아 답변을 완성하여 말해 보세요. 🎧 **Part 4_14/** 해설집 p.39

Tammy's Culinary School: Winter Cooking Courses
Course Dates: December 5–January 30
Registration Deadline: November 25

기관명
프로그램명
기간
마감일

강좌명

Course	Day of the Week	Time
Beautiful Desserts: Cakes and Pies	Mondays	7:00 P.M.–9:00 P.M.
Delicious Vegetables	Tuesday	6:00 P.M.–8:00 P.M.
Everyday Grilling	Wednesday	6:00 P.M.–8:00 P.M.
Healthy Cooking at Home	Thursdays	5:00 P.M.–7:00 P.M.
Simple Desserts: Cakes and Pies	Fridays	6:00 P.M.–8:00 P.M.
Savory Side Dishes	Saturdays	2:00 P.M.–4:00 P.M.

요일
시간대

Q8

Q. What day of the week is the Everyday Grilling course, and what time does it begin?

A. It is _____ and it begins _____.
　　　　　수요일에　　　　　　　　　　　　　　　　　오후 6시에

Q9

Q I can register for courses until December 1st, right?

A. _____. The registration deadline is _____.
　　　　틀리다　　　　　　　　　　　　　　　　　　　　　　　　11월 25일

Q10

Q. I'm really interested in making desserts. Could you give me all the information about the courses that deal with making cakes and pies?

A. Sure, there are _____ on making cakes and pies.
　　　　　　　　　　　　　두 개의 강좌

There is one class called "_____: Cakes and Pies", on Mondays
　　　　　　　　　　　　　　　예쁜 디저트

_____.
오후 7시부터 9시까지

And there is another one called "_____: Cakes and Pies", on
　　　　　　　　　　　　　　　　　　　　　　　간단한 디저트

Fridays _____.
　　　　오후 6시부터 8시까지

STEP 2 질문을 듣고 빈칸을 채운 뒤, 표에서 정보를 찾아 답변을 완성해 보세요.   🎧 **Part 4_15/** 해설집 p.40

Food & Beverage Hobby Classes
South Central Community Center, Mar. 3 – Mar. 7

Date	Time	Class	Level	Instructor
Mon., Mar. 3	9:00 - 11:00 A.M.	Bread Making	Intermediate	David Haring
Tue., Mar. 4	9:00 - 11:00 A.M.	Microwave Cooking	Beginner	Shelly Johnson
Wed., Mar. 5	10:00 A.M. - noon	Cheese Making	Advanced	Ed Solomon
Thu., Mar. 6	1:00 - 3:00 P.M.	Wine Making	Advanced	Melanie Jones
Fri., Mar. 7	10:00 A.M. - noon	Home Brewing	Beginner	Alex Weaving

Price: $20 / Class

Q8

Q. _____ is the class on bread making, and _____ is teaching it?

A. The class on _____.

Q9

Q. I heard that all the classes are _____. Can you confirm that for me?

A. Actually, the class _____.

Q10

Q. I don't have _____ in this area. Can you tell me all the details about

any classes at _____?

A. Sure. There are _____.

The first one _____

_____.

PART 4

기출로 훈련하기   123

3 출장 / 개인 일정

8번은 비행기 정보나 출발 시간, 9번은 방문 장소, 일정 확인 등, 10번은 특정 날짜의 일정 등을 묻는
질문이 많이 나옵니다.

STEP 1 우리말을 참고로 표에서 알맞은 정보를 찾아 답변을 완성하여 말해 보세요. 🎧 **Part 4_16/** 해설집 p.41

Travel Schedule for Frederick H. Bower

출장 당사자
일정 이름

항공 / 호텔
출발지 / 도착지
경유 / 일정 내용

날짜 / 시간

Flight information: Depart: Chicago, Blue Airways #424, seat 45A Route: 1 stop (Tacoma Airport) Arrive: Edmonton	April 9, 10:15 A.M. April 9, 9:30 P.M.
Depart: Edmonton, Value Airlines #553, seat 30E Route: Nonstop flight Arrive: Chicago	April 16, 8:00 A.M. April 16, 11:15 A.M.
Day trip to Calgary: Purpose: Inspect Calgary factory Arrive: Calgary 8:15 A.M. Return: Edmonton 6:30 P.M.	April 14

Q8

Q. When **does my flight on April 16th depart from Edmonton, and** what seat **will I be in?**

A. You will depart from Edmonton _____.

　　　　　　　　　　　　　　　　　　　　　4월 16일 오전 8시에

Your seat number _____.

　　　　　　　　　　30E이다

Q9

Q I was hoping to have a direct flight **with no stops from Chicago to Edmonton. There**
are no stops **on that flight, right?**

A. _____, there is _____. You will stop at Tacoma Airport.

　　　실은　　　　　　　　　　　한 번 경유

Q10

Q. I know I'm taking a day **trip** to Calgary. **Just so I'm sure about the details, can you**
tell me everything about my day trip on April 14?

A. Sure, you need to _____ on April 14th.

　　　　　　　　　　　　　　캘거리 공장을 시찰하다

You will _____ at 8:15 A.M.

　　　　　　　캘거리에 도착하다

And you will _____ at 6:30 P.M.

　　　　　　　에드먼튼으로 돌아오다

STEP 2 질문을 듣고 빈칸을 채운 뒤, 표에서 정보를 찾아 답변을 완성해 보세요. 🎧 **Part 4_17/** 해설집 p.42

Lucas Arnold, Nurse Manager Morris Community Health Clinic Schedule for Tuesday, November 12	
8:00–9:00 A.M.	Meeting: Information Technology Department
	Topic: Inventory-tracking software
9:00–10:00 A.M.	Office work: Update clinic manual chapter 3
10:00–11:00 A.M.	Office work: Staff performance reviews
11:00 A.M.–noon	Lunch with new employees
~~12:30–1:30 P.M.~~	~~Interview for nursing position (Candidate: Wen Li)~~
	(Postponed until November 15)
2:30–4:00 P.M.	Meeting: Clinic administration
	Topic: budget planning

Q8

Q. I know that I've scheduled time to work on updating the clinic manual. Can you tell

me _____ I'll be _____ and _____

I'll be working on?

A. You will update _____.

Q9

Q. I have an interview scheduled tomorrow with a candidate for _____.

_____ will that interview be held?

A. Actually, the interview _____.

Q10

Q. I know that I have _____, and I want to be prepared for them. Could

you give me all the details about _____ on my schedule?

A. Sure. There are _____.

The first one _____

_____.

PART 4

4 이력서/인터뷰

8번은 지원자의 이름, 지원 직급, 면접 날짜 등, 9번은 특정한 기술이나 실력 여부, 취소된 정보 확인,
10번은 같은 직급 지원자들, 오전 오후 일정, 같은 면접관 등의 공통 내용을 묻는 질문들이 많습니다.

STEP 1 우리말을 참고로 표에서 알맞은 정보를 찾아 답변을 완성하여 말해 보세요. 🎧 **Part 4_18/** 해설집 p.43

● 회사명
면접일
면접 장소

Archer Hotel

Interview Schedule, August 11

면접 시간 ●

Time	Candidates	Positions	Current Employer
1:00 – 1:30 P.M.	Aiden Maral	Marketing Director	The Delight Hotel
1:30 – 2:00 P.M.	Diane Farge	Head Housekeeper	The Bernic Hotel
2:30 – 3:00 P.M.	Karl Bock	Food & Beverage Manager	Ferguson Hotel
~~3:00 –3:30 P.M.~~	~~Olivier Ganz~~	~~Head Housekeeper~~ Canceled	~~Seaport Resort~~
3:30 -4:00 P.M.	Rodney Cole	Reservation Manager	Ferguson Hotel

● 응시자명
지원 직급
지원 부서
(전)현 직장
특이 사항
(변경/취소)

Q8

Q. What time is the first interview and who will be the first candidate to be interviewed?

A. The first interview is _____. The first candidate is Aiden Maral
오후 1시에
_____. He works _____.
마케팅 이사직에   딜라이트 호텔에서

Q9

Q I was told that we are going to interview two people for the head housekeeper
position that day. Is this correct?

A. Actually, one of those interviews _____. _____
취소되었다   다른 것(면접)
is with Diane Farge from the Bernic Hotel at 1:30.

Q10

Q. Some of our current employees used to work at Ferguson Hotel and they have been
very good. So I would like to hire more people from there. Are any former Ferguson
Hotel workers scheduled to be interviewed?

A. Yes, there are _____ from Ferguson Hotel. The first one is
두 명의 지원자
Karl Bock, _____. His interview is from 2:30 to 3:00.
식음료부장직을 지원한
The other one is Rodney Cole, applying for the reservation manager position.

_____ is from 3:30 to 4:00.
그의 면접

Rita Williams

rwilliams0220@tmail.com (601) 555-1106

Position Desired	Pastry chef
Education & Certificates	- Bachelor's degree in Culinary Arts Management Arizona State University (2016) - Baking and Pastry Certificate (2017)
Work Experience	Pastry chef, Don Angie, Spanish cafe (2019 – present) Assistant pastry chef, Le Fond, French restaurant (2017 – 2019)
Professional Reference	Greg Turbine, executive chef, Don Angie (602) 555-5402 gregturbine@tmail.com

Q8

Q. _____ is the applicant's _____ and what position

is he or she _____?

A. The applicant's _____.

Q9

Q. We're planning to offer a _____ menu soon.

Does she have _____ in this specific field?

A. Yes. She was _____.

Q10

Q. Can you tell me in detail about her _____ and

_____ that she has?

A. Sure. She got _____

_____

_____.

PART 4

ACTUAL TEST

음원을 들으며 테스트해 보세요.

🎧 **Part 4_20/** 해설집 p.45

1

TOEIC Speaking CONTINUE 🔊 VOLUME

Questions 8-10: Respond to questions using information provided

Directions: In this part of the test, you will answer three questions based on the information provided. You will have 45 seconds to read the information before the questions begin. You will have three seconds to prepare and 15 seconds to respond to Questions 8 and 9. You will hear Question 10 two times. You will have three seconds to prepare and 30 seconds to respond to Question 10.

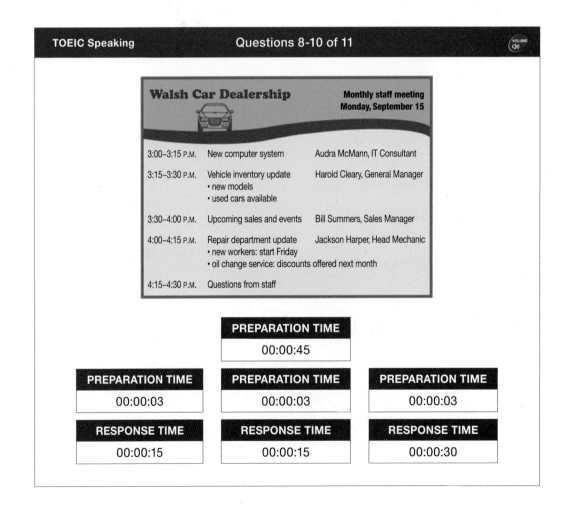

2

Questions 8-10: Respond to questions using information provided

Directions: In this part of the test, you will answer three questions based on the information provided. You will have 45 seconds to read the information before the questions begin. You will have three seconds to prepare and 15 seconds to respond to Questions 8 and 9. You will hear Question 10 two times. You will have three seconds to prepare and 30 seconds to respond to Question 10.

Seminar for Home Gardeners

Arlington Community Center
Sunday, May 2

Time	Session	Presenter
10:00–11:00 A.M.	Selecting Garden Flowers	Parker Magnuson
11:00–noon	Garden Maintenance	Jacob White
Noon–1:00 P.M.	Lunch	————
1:00–2:00 P.M.	Growing Food: Fruits and Berries	John Warner
2:00–3:00 P.M.	Invasive Plant Management and Prevention	Jacob White
3:00–4:00 P.M.	~~Gardening on a Budget~~ *Canceled*	Maria Robinson
4:00–5:00 P.M.	Growing Food: Vegetables for Salads	Ashton Marks

PREPARATION TIME
00:00:45

PREPARATION TIME	PREPARATION TIME	PREPARATION TIME
00:00:03	00:00:03	00:00:03
RESPONSE TIME	**RESPONSE TIME**	**RESPONSE TIME**
00:00:15	00:00:15	00:00:30

주제별 핵심 답변 문장들을 익혀 두고, 잘 활용해 보세요.

회의/행사 일정

1   The conference will **begin with** the opening remarks.   회의는 개회사로 시작할 것입니다.

2   The event will **take place in** Room 301 on the third floor.   행사는 3층 301호실에서 열립니다.

3   **The venue** is at 240 Main St.   행사지는 메인 가 240번지입니다.

4   Charles Bruno **is leading** a discussion with managers.
    찰스 브루노 씨가 매니저들과의 토론을 진행하실 예정입니다.

5   You can enjoy some refreshments **during the coffee break**.   휴식 시간에 다과를 즐길 수 있습니다.

6   There will be **a Q & A session** at 4.   4시에 질의 응답 시간이 있습니다.

7   Lindsay Smith **is getting an award**.   린지 스미스가 상을 받습니다.

8   A buffet lunch **is provided** in the cafeteria.   뷔페 점심이 구내식당에서 제공됩니다.

9   When you register for the conference, **you are asked to** show your ID.
    회의에 등록하실 때, 신분증을 보여주셔야 합니다.

10   The president will **deliver a keynote speech**.   회장님이 기조연설을 하실 예정입니다.

강의/프로그램

1   Our school **is located** at 1120 Pine Street in Wellington.
    학교는 웰링턴의 파인 가 1120번지에 위치해 있습니다.

2   You should **sign up for** the sewing class by this Friday.
    이번 주 금요일까지 재봉 수업에 등록하셔야 합니다.

3   Ms. Hart's class is **mandatory**.   하트 씨의 수업은 필수입니다.

4   The textbook **is offered for free**.   교재는 무료로 제공됩니다.

5   **We are offering** some classes on Saturdays.   토요일에 몇 가지 수업을 제공하고 있습니다.

6   The winter vacation **won't start until** December 2nd.   겨울 방학은 12월 2일이 되어야 시작됩니다.

7   **The center is open** from 9 A.M. to 6 P.M.   센터는 오전 9시부터 오후 6시까지 개장합니다.

8   She is teaching two classes **during this semester**.   그녀는 이번 학기에 2개의 수업을 가르칩니다.

9   The registration fee will be **$25 after August 1st**.   등록비는 8월 1일 이후에는 25달러입니다.

10   **It is held** on Thursdays from 3 to 5.   그것은 매주 목요일 3시부터 5시까지 진행됩니다.

출장 / 개인 일정

1. **You will arrive in** Washington D.C. at 2 P.M. 당신은 2시에 워싱턴 D.C.에 도착할 것입니다.

2. **You will depart from** Seattle on June 10th. 당신은 6월 10일에 시애틀에서 출발합니다.

3. **You will fly to** New York **on** Pacific Airline Flight 775. 당신은 퍼시픽 항공 775편으로 뉴욕에 갈 겁니다.

4. **You can check in** to the Primary Hotel at 11 A.M.
   당신은 오전 11시에 프라이머리 호텔에 체크인 할 수 있습니다.

5. **You are supposed to** visit the factory. 당신은 공장을 방문하기로 되어 있습니다.

6. You will have a meeting **related to** the budget. 예산 관련된 회의가 있습니다.

7. **According to your itinerary**, you have two meetings on July 5th.
   일정에 따르면, 당신은 7월 5일에 회의가 두 개 있습니다.

8. **You need to** attend the new employees' orientation. 당신은 신입사원 오리엔테이션에 참석하셔야 합니다.

9. **I'm afraid you won't** have time for sightseeing downtown. 시내 구경을 하실 시간은 없을 것 같습니다.

10. **Yes, it will be a problem because** you have a conference call at 5.
    네, 문제가 될 것 같습니다. 왜냐하면, 당신은 5시에 화상 회의가 있기 때문입니다.

이력서 / 면접

1. The interview at 3 **was canceled**. 3시 면접은 취소되었습니다.

2. **The interviewee's name** is Mark Benstead. 면접자의 이름은 마크 벤스테드입니다.

3. He **graduated from** Wisconsin University in 2005. 그는 2005년에 위스콘신 대학교를 졸업했습니다.

4. He **got his master's degree in** bio-engineering in 2017.
   그는 2017년에 생명공학 석사학위를 받았습니다.

5. She **has been working** at Madison's restaurant **since** 2010.
   그녀는 2010년부터 매디슨 식당에서 일하고 있습니다.

6. She doesn't have any **previous experience** of working abroad.
   그녀는 해외에서 일해본 경험이 없습니다.

7. The applicant **is proficient with** computers. 지원자는 컴퓨터에 능숙합니다.

8. He **majored in** accounting. 그는 회계학을 전공했습니다.

9. She **is fluent in** Spanish and French. 그녀는 스페인어와 프랑스어를 유창하게 합니다.

10. Alan Stewart is **the right person for the position**. 앨런 스튜어트는 그 직위에 적합한 사람입니다.

PART 5

Express an opinion

PART 5 미리보기

기초 다지기

전략 파악하기
1 질문 패턴 파악하기
2 답변 템플릿
3 템플릿 적용하기

기출로 훈련하기
1 일상생활
2 학교/교육
3 직장/업무
4 디지털/기술

ACTUAL TEST

주제별
핵심 답변 표현

PART 5 미리보기

Part 5는 직장이나 사회 전반에 걸쳐 논의될 수 있는 논제에 대해 개인적인 의견을 묻는 시험입니다.
어떤 의견에 대한 찬성 또는 반대, 선호 여부, 장단점 등을 예시나 경험을
바탕으로 말하는 것이 좋습니다.

예, 그렇습니다.
한 회사에서 오래 일하면
그 업무에 더 전문가가
될 수 있습니다.

한 회사에서 오래
일하는 것이 회사를
옮겨 다니는 것보다
낫다고 생각하십니까?

PART 5 시험에 대해 알아 두세요

문제 수	1문제 (Question 11)
답변 준비 시간	45초
답변 시간	60초
평가 기준	발음, 억양과 강세, 문법, 어휘, 일관성, 내용의 관련성, 내용의 완성도
채점 점수	0-5점

PART 5에는 이런 질문이 나와요

질문 종류	주요 내용
찬성 / 반대	주어진 문장에 찬성 혹은 반대의 입장을 정하고 그 이유를 설명하는 유형
선택 / 선호	주어진 두 개 혹은 세 개의 보기 중 하나를 고르고 그 이유를 설명하는 유형
장 / 단점	주제나 소재의 장점 혹은 단점을 설명하는 유형
의견형	일반 의문문 형태의 질문에 답하고 그 이유를 설명하는 유형

ETS가 제안하는 꿀팁!

가장 옳다고 생각되는 의견을 선택하세요.

이것은 유창한 진술, 표현 능력, 어휘 및 문법 실력을 발휘하는 데 도움이 됩니다. 시험장에서 평소 자신의 생각과 반대되는 의견을 주장하려면 당연히 말하기가 힘들어지므로, 충분한 근거를 들어가며 일관된 내용으로 말할 수 있는 의견을 선택하도록 합니다.

답변 준비 시간 45초를 적극적으로 활용하세요.

준비 시간에 두 논리를 다 생각해 보고, 어느 쪽을 자신의 관점으로 택할지 결정하세요. 응답에 활용할 수 있는 명사나 동사를 생각해 낼 수 있다면, 그것만으로도 진술을 논리적으로 끌고 가는 데 도움이 됩니다.

수정하더라도 문법대로 정확하게 말하세요.

문장을 만들어 내는 과정에서는 말을 더듬거리기 쉽습니다. 다소 더듬거리더라도 수정해 가면서 말을 이어나가고 문법에 맞는 문장들을 만들 수 있다면 높은 점수를 얻을 수 있습니다.

요지를 설명하고 그것을 뒷받침할 수 있도록 연습하세요.

의견을 말할 때는 부연 설명, 논리적 근거, 또는 사례를 바탕으로 유창하고 명확하게 자기 생각을 뒷받침하는 것이 좋습니다. 각각의 문장들을 유기적으로 연결하여 말할 수 있도록 관련 표현들을 잘 익혀 둡니다.

파트 5 답변에서 자신의 의견과 이유 및 근거를 제시할 때 사용하기 좋은 기본 표현들입니다. 서론, 본론, 결론을
시작하는 문장에 사용할 수 있도록 익혀 두세요.

1 서론

🎧 **Part 5_01**

I agree[disagree] (that) 주제문	~에 찬성[반대]합니다
I think[don't think] (that) 주제문	~라고 생각합니다[생각하지 않습니다]
I prefer 선택 사항	~를 선호합니다
선택 사항 is the most important to me	~가 제게는 가장 중요합니다

I agree that the best way to deal with work-related stress is by talking to coworkers.
일 관련 스트레스를 해결하는 가장 좋은 방법은 동료에게 이야기하는 것이라는 말에 동의합니다.

I think a trusted friend's advice would most influence my decision.
믿을 만한 친구의 조언이 제 결정에 가장 영향을 미친다고 생각합니다.

2 본론

이유를 꼭 여러 가지 말하지
않아도 돼요. 한 가지 이유를 말하고
관련된 경험이나 반증 등으로
뒷받침해도 됩니다.

이유 말하기
It's because 주어 + 동사 왜냐하면 ~ 때문입니다

뒷받침하기

1. 경험

For example,	예를 들어	In my case,	제 경우에는
When I was young,	제가 어렸을 때	Personally,	개인적으로

2. 반증

However,	그러나	On the other hand,	반면에
Actually,	실은	Otherwise,	그렇지 않으면

3. 두 번째 이유

Secondly,	두 번째로는	Also,	또한
In addition,	게다가		

It's because it helps reduce serious social problems.
왜냐하면, 그것은 심각한 사회 문제들을 감소시키는 데 도움이 되기 때문입니다.

When I was young, I read two or three books a month.
제가 어렸을 때, 한 달에 책을 두세 권 읽었습니다.

3 결론

Therefore,	그러므로	For this reason,	이러한 이유로
So,	그래서	This is why 주어+동사	이것이 ~한 이유입니다

Therefore, I think schools should schedule time each day for students to participate in group activities. 그러므로, 저는 학교가 학생들이 그룹 활동에 참가할 시간을 매일 만들어 주어야 한다고 생각합니다.

For this reason, cities should spend more money on improving public transportation.
이런 이유로, 도시들은 대중교통 개선에 돈을 더 많이 써야 합니다.

PRACTICE 주어진 우리말을 참고로 빈칸을 채워 문장을 말해 보세요.   Part 5_02/ 해설집 p.48

1 _____ companies should allow employees to choose their own work schedules.
회사는 직원들이 직접 업무 스케줄을 선택할 수 있게 허용해야 한다는 점에 동의합니다.

2 _____ the best activity to do with a friend is playing online games.
친구와 함께 하기 가장 좋은 활동이 온라인 게임을 하는 것이라고 생각하지 않습니다.

3 _____ using public transportation helps to reduce traffic.
왜냐하면, 대중교통 이용이 교통량을 줄이는 데 도움이 되기 때문입니다.

4 _____, good pay was more important than a short commute.
제 경우에는 좋은 급여가 짧은 통근 거리보다 더 중요했습니다.

5 _____, I learned how to play the violin at school.
제가 어렸을 적에, 학교에서 바이올린 연주하는 법을 배웠습니다.

6 _____, when you study alone, you can't ask questions of a teacher.
반면에, 혼자서 공부할 때는 선생님에게 질문할 수 없습니다.

7 _____, I would spend too much money buying books related to my major.
그렇지 않으면, 저는 전공 관련 책을 사느라 너무 많은 돈을 쓸 것입니다.

8 _____, I can get honest opinions from people.
게다가, 사람들로부터 정직한 의견을 얻을 수 있습니다.

9 _____, it is better for children to learn computer skills.
그러므로, 아이들이 컴퓨터 기술을 배우는 것이 더 낫습니다.

10 _____, I prefer to work on my own rather than in a team.
이런 이유로, 저는 팀보다는 혼자서 일하는 것을 선호합니다.

PART 5

1 질문 패턴 파악하기

파트 5의 문제 유형을 잘 파악하고 답변의 첫 문장을 정확하게 시작하는 것이 중요합니다.

문제 유형 1 찬성/반대 말하기

주제문의 의미를 파악하여 자신의 의견이 찬성인지 반대인지 결정한 후, I agree 또는 I disagree 뒤에 주제문을 연결해 말합니다.

Q. Do you agree or disagree with the following statement?
It's important for an interviewee to ask questions in a job interview.
Support your opinion with specific reasons and examples.

다음 문장에 찬성합니까, 반대합니까?
취업 면접에서 피면접자가 질문을 하는 것이 중요하다.
의견을 뒷받침할 수 있는 구체적인 이유나 예를 드십시오.

A. I agree[disagree] that it's important for an interviewee to ask questions in a job interview.

취업 면접에서 피면접자가 질문을 하는 것이 중요하다는 점에 동의합니다[동의하지 않습니다].

문제 유형 2 보기 중 선택하여 말하기

세 개의 보기 중에서 '가장 ~한 것'을 고르는 문제입니다. 자신이 할 수 있는 말이 많은 보기를 고르는 것이 유리합니다.

Q. Which of the following skills is the most important for high school students to have? Support your opinion with specific reasons and examples.
• Computer skills • Language skills • Social skills

다음 기술들 중 고등학교 학생이 갖추어야 할 가장 중요한 것은 무엇입니까? 구체적인 이유나 예로 의견을 뒷받침하세요.
컴퓨터 기술 / 언어 기술 / 사회성 기술

A. I think **computer skills** are the most important for high school students to have.

저는 컴퓨터 기술이 고등학교 학생이 갖추어야 할 가장 중요한 기술이라고 생각합니다.

주어진 주제문을 변형하지 말고, 그대로 인용해서 읽는 것이 안전합니다.

문제 유형 3 선호 말하기

보기 A/B중 어느 쪽을 선호하는지 선택하고 I prefer ~로 연결하여 답합니다.

Q. Which do you prefer when learning a new hobby—reading a book or searching for information online? Why? Support your opinion with specific reasons and examples.

새로운 취미를 배울 때 어느 쪽을 선호합니까? 책 읽기 혹은 온라인 정보 찾기. 그 이유는 무엇인가요? 구체적인 이유나 예로 의견을 뒷받침하세요.

A. I prefer searching for information online.

저는 온라인에서 정보 찾기를 선호합니다.

문제 유형 4 YES/NO 답변하기

일반 의문문으로 된 질문에는 Yes/No로 답변한 후 그 이유를 설명합니다. 주로 Is it better ~?/ Should ~?/ Do you think ~? 등의 의문문 형태로 출제됩니다.

Q. Should the government encourage people to recycle more? Why or why not? Support your opinion with specific reasons and examples.

정부가 사람들에게 재활용을 더 하라고 독려해야 합니까? 그 이유는 무엇인가요? 구체적인 이유나 예로 의견을 뒷받침하세요.

A. Yes, I think[No, I don't think] the government should encourage people to recycle more.

정부가 사람들에게 재활용을 더 하라고 독려해야 한다고 생각합니다[생각하지 않습니다].

문제 유형 5 장/단점 말하기

주제의 장/단점을 말하는 유형입니다. 여러 가지 이야기해도 되지만, 장/단점 한 가지라도 정확히 답변하고 그에 대한 이유를 설명하는 것이 좋습니다.

Q. What are some advantages of living in a small town rather than a big city? Why? Support your opinion with specific reasons and examples.

큰 도시 대신 작은 마을에서 사는 것의 장점은 무엇입니까? 그 이유는 무엇인가요? 구체적인 이유나 예로 의견을 뒷받침하세요.

A. One of the advantages is that you can live in a cleaner environment.

장점들 중 하나는 더 깨끗한 환경에서 살 수 있다는 점입니다.

2 답변 템플릿

문제 유형을 파악한 후 의견을 정합니다. 이후 45초의 준비 시간 동안 이유 및 근거를 생각하여 답변을 구성합니다.
답변은 <의견 → 이유 및 근거 → 결론> 순으로 하면 됩니다. 이유를 두 가지 이상 제시할 수 있으면 좋겠지만,
한 가지 이유와 구체적인 예시를 들어도 괜찮습니다.

의견

I think that _____.
~라고 생각합니다.

I agree[disagree] that _____.
~에 찬성[반대]합니다.

질문을 파악한 후,
유형에 맞는 문장으로
답변을 시작

**이유/
근거**

**유형 1
이유+
근거**

It's because _____.
~이기 때문입니다.

When I was young, _____.
어렸을 때,

For example, _____.
예를 들면,

However, _____.
그러나,

On the other hand, _____.
반면에,

예전 경험이나 반대의
경우를 예로 드는 경우

선택 안 한 보기의
단점이나 선택되지 못한
이유를 말해줍니다.

**유형 2
이유 1+
이유 2**

It's because _____.
~이기 때문입니다.

Also, _____.
또한,

이유를 두 가지 이상
나열하는 경우

결론

Therefore, _____.
그러므로,

For this reason, I think _____.
이런 이유로, ~라고 생각합니다.

Because of this experience, I agree _____.
이런 경험 때문에, ~라고 생각합니다.

답변 마무리

STEP 1 질문을 파악하고 의견을 정리해보세요.

Do you agree or disagree with the following statement?
Successful managers are always well organized.
Give reasons or examples to support your opinion.

다음 문장에 찬성합니까, 반대합니까?
성공한 관리자들은 항상 체계적이다.
자신의 의견을 뒷받침할 근거나 사례를
제시하세요.

브레인스토밍

나의 의견 [찬성]

이유 [사람들과 시간을 조직하는 것을 잘함 - 어떤 일을 먼저 할지 알며 시간 낭비 하지 않음]

근거 [나의 상사 - 매우 체계적 - 성공적인 관리자들 중 하나]

STEP 2 템플릿에 넣어 답변을 완성해 봅시다.

의견	I agree that successful managers are always well organized.	성공한 관리자들은 항상 매우 체계적이라는 점에 동의합니다.
이유	It's because they are good at organizing people and time. They know what work must be done first and never waste time.	그들은 사람들과 시간을 조직하는 일에 능숙하기 때문입니다. 그들은 어떤 일을 먼저 해야 할지 알며, 시간을 절대 낭비하지 않습니다.
근거	For example, my boss is very organized. His directions are very easy to follow and he has very detailed plans. He is one of the most successful managers in the company.	예를 들면, 저의 상사가 매우 체계적입니다. 그의 지시는 따르기 매우 쉽고 그는 매우 상세한 계획을 갖고 있습니다. 그는 회사에서 가장 성공적인 관리자에 속합니다.
결론	Because of this experience, I agree with the statement.	이런 경험 때문에 저는 이 주제문에 동의합니다.

경험을 이야기하는 것이 가장 쉬워요.
사실이 아니더라도, 본인의 주장에 맞는
이야기를 만들어 보세요!!

PART 5 기출로 훈련하기

1 일상생활

가족이나 친구, 취미, 운동, 대중교통, 여행 관련된 질문이 자주 출제됩니다.

STEP 1 우리말을 참고하여 빈칸을 채우고 답변을 완성하여 말해 보세요.

🎧 **Part 5_05/** 해설집 p.48

Q. Do you prefer to take public transportation rather than drive your own vehicle when commuting to work or school? Why or why not?
Support your opinion with specific reasons and examples.

브레인스토밍

대중교통 → 시간이 덜 걸림 → 지하철에서 휴대폰으로 TV 봄
public transportation → take less time → watch TV programs on my mobile phone on the subway

---

의견	_____ rather than drive my own car when 대중교통 이용하는 것을 선호하다 commuting to work.
이유 1	When I take public transportation, it usually _____. 직장까지 가는 시간이 덜 들다 I take the subway, so I avoid _____ during rush hour. 교통 체증
이유 2	Also, I can watch TV programs _____ or take a nap 휴대폰으로 _____, so it's relaxing. 지하철에서
결론	Therefore, _____ to take public transportation. 나에게는 더 좋다

STEP 2 우리말을 참고하여 빈칸을 채우고 답변을 완성하여 말해 보세요. 🎧 **Part 5_06 /** 해설집 p.49

Q. Think of a hobby that you would like to learn more about. Is it better to learn about that hobby by getting information from a friend with the same hobby or by reading a book about it? Why? Give specific reasons or examples to support your opinion.

브레인스토밍

친구에게 질문하기 → 중요한 포인트를 이해하게 해줌 → 편안함
ask my friend questions → understand the important points → feel comfortable

의견	I think it is better _____ 같은 취미를 가진 친구로부터 정보를 얻어 취미를 배우는 것 _____ .
이유	This is because I can _____ 내 친구에게 취미에 대해 물어보다 My friend can _____ and make sure _____ 내 질문에 답하다 _____ . 내가 중요한 포인트를 이해하다
근거	Actually, a friend _____ . 작년에 새로운 취미를 가르쳐주었다 He _____ . 나에게 수영하는 법을 가르쳐주었다 He was _____ . 매우 친절했고 나는 그에게 배우는 것이 매우 편했다
결론	So this is why _____ . 나는 친구에게서 새로운 취미를 배우는 것을 선호한다

PART 5

기출로 훈련하기   **143**

2 학교/교육

아이들이나 학생들의 야외 활동, 예체능 기술, 사교성, 가정 교육 등에 관한 질문들이 출제됩니다.

STEP 1 우리말을 참고하여 빈칸을 채우고 답변을 완성하여 말해 보세요.　🎧 **Part 5_07/** 해설집 p.50

Q. Do you agree or disagree with the following statement?
It is more important for high school students to study math than music.
Give reasons or examples to support your opinion.

브레인스토밍

반대 / 음악 수업 중요 → 창의적 / 편안함 → 똑같이 중요
disagree / music is also important → be creative / relax → equally important

---

의견　　I _____ that it is more important for high school students to study
　　　　　　　　반대하다
math than music.

It is _____ that _____ for high
　　　　　사실인　　　　　　　　　　　　　수학은 필요한 과목이다
school students to learn.

이유 1　But music is _____.
　　　　　　　　　　　　　　역시 매우 중요한
Music helps people to be _____ and _____.
　　　　　　　　　　　　　　더 창의적인　　　　　　　　　　더 집중하다

이유 2　It also helps _____.
　　　　　　　　　　　　사람들이 편안해지도록
I think it is very important for high school students because _____

_____.
　　　　　　　　　　　　학교에서 스트레스를 많이 받다

결론　　Therefore, I think it's _____ for high school
　　　　　　　　　　　　　　　　　　똑같이 중요한
students to study music and math.

Q. What is the best way for a high school student to spend a long vacation from school? Choose ONE of the options provided below and give reasons or examples to support your opinion.
- Volunteering in the community
- Playing sports
- Relaxing with friends

브레인스토밍

운동 하기 → 긴 방학이 배우기에 좋은 기회 → 건강해지고 스트레스 해소
playing sports → a long vacation is a good chance to learn → improve health and get rid of stress

의견	I think playing sports is _____ 　　　　　　　　　　　　　고등학생들이 긴 방학을 보내기 위한 가장 좋은 방법이다 _____.
이유	During school, high school students _____ 　　　　　　　　　　　　　　　운동을 하거나 야외 활동을 할 충분한 시간이 없다 _____. So a long vacation is _____. 　　　　　　　　　　　　　운동을 배우고 할 수 있는 좋은 기회 Playing sports _____. 　　　　　　학생들의 건강을 향상시키고 학업으로 인한 스트레스를 해소하는 데 도움을 준다
근거	Personally, _____ 　　　　　　　　　　　나는 학교 방학 때마다 _____. 　　　　　수영과 스노우보딩 같은 새 운동을 배웠다 Now, I'm glad _____. 　　　　　　　　몇 가지 운동을 잘하다
결론	Therefore, I think _____. 　　　　　　　　　　고등학교 학생들은 방학 기간에 운동을 해야 한다

3 직장/업무

직장 동료, 상사, 업무의 효율성, 성공과 개인생활의 관계 등에 관한 질문이 자주 출제됩니다.

STEP 1 우리말을 참고하여 빈칸을 채우고 답변을 완성하여 말해 보세요. 🎧 **Part 5_09**/ 해설집 p.51

> **Q.** Do you agree or disagree with the following statement?
> *Companies should not hire job candidates if the candidate has a family member already employed at the company.*
> Give reasons or examples to support your opinion.

브레인스토밍

고용하면 안 됨 → 공정히 대하기 힘듦 → 다른 동료들이 불편해 함
should not hire → hard to treat them fairly → other coworkers may feel uncomfortable

---

의견 _____ that companies _____
                동의하다   구직자를 채용해서는 안 된다
if the candidate has a family member already employed at the company.

이유 1 When people work with their family members, it can be hard _____
                                                                          대하는 것
their family members _____.
                              공정하고 전문적으로
People might not feel comfortable _____.
                                              가족의 실수를 바로잡다

이유 2 Also, other coworkers may _____ working with family members.
                                          불편해 하다
It is not good _____.
                        회사 전체를 위해

결론 That's why it is _____ to hire family members.
                              좋은 생각이 아니다

결론에서는 주제문을 다시
똑같이 읽는 것보다 간단하게
표현하는 것이 좋습니다.

STEP 2 우리말을 참고하여 빈칸을 채우고 답변을 완성하여 말해 보세요. 🎧 **Part 5_10**/ 해설집 p.52

Q. Do you agree or disagree with the following statement?
In order to be an effective leader, a person must be willing to try new ideas.
Give reasons or examples to support your opinion.

브레인스토밍

새로운 아이디어를 시도하는 데 개방적 → 더 많은 문제 해결 → 그렇지 않으면 성장하지 못함
open to trying new ideas → solve more problems → will not grow

---

| 의견 | I agree that _____. |
| | 유능한 지도자가 되려면 새로운 아이디어를 기꺼이 시도해야 한다 |

이유	If leaders are open _____
	새로운 아이디어를 시도하는 데
	_____.
	그들의 직원들은 새로운 아이디어를 제안하는 데 편안해 할 것이다
	That way, _____.
	팀은 더 많은 문제들을 해결하다

근거	If a leader is _____
	새로운 아이디어를 시도하려고 하지 않는다면
	_____.
	회사는 그저 정체될 것이다
	The company _____.
	성장하지 못할 것이다

| 결론 | For this reason, I think _____. |
| | 유능한 지도자가 되려면 새로운 아이디어를 시도해야 한다 |

소셜미디어나 기술 발달에 대한 견해 차이, 전자 기기의 장단점 등을 묻는 문제들이 출제됩니다.

STEP 1 우리말을 참고하여 빈칸을 채우고 답변을 완성하여 말해 보세요. 🎧 **Part 5_11/** 해설집 p.53

> **Q.** Should governments provide funding for the exploration of outer space? Why or why not?
> Give reasons or examples to support your opinion.

브레인스토밍

그렇게 생각하지 않음 → 도움이 필요한 사람들을 돌보고 환경을 보호하는 것이 더 중요
I don't think → taking care of people who need help and protecting our environment is more important

---

의견	＿＿＿＿＿＿＿＿＿＿ governments should provide funding for the exploration of 생각하지 않다 outer space.
이유	There are ＿＿＿＿＿＿＿＿＿＿＿＿＿＿＿＿＿＿＿＿＿ here on Earth that 많은 사람들과 장소들 ＿＿＿＿＿＿＿＿＿＿＿＿＿. 정부가 도와주어야 하다
근거	I mean, traveling to the moon ＿＿＿＿＿＿＿＿＿＿＿. 흥미롭게 들리다 However, I think ＿＿＿＿＿＿＿＿＿＿＿ who need help and 사람들을 돌보는 것 ＿＿＿＿＿＿＿＿＿＿＿ is more important ＿＿＿＿＿＿＿＿＿. 우리의 환경을 보호하는 것 　　　　　　　　　　 우주 탐험보다
결론	Therefore, I believe governments ＿＿＿＿＿＿＿＿＿＿＿＿ on outer 돈을 쓰면 안 된다 space exploration.

STEP 2 우리말을 참고하여 빈칸을 채우고 답변을 완성하여 말해 보세요. 🎧 **Part 5_12 /** 해설집 p.53

Q. Do you agree or disagree with the following statement?
Taking online virtual tours of art museums is as valuable as visiting museums in person.
Support your opinion with specific reasons and examples.

브레인스토밍

예술작품을 방문해서 봄 → 크기와 색감을 봄 → 경험은 같지 않음
see art by visiting a museum → see the sizes and colors → the experience isn't the same

의견	I disagree _____. 이 주제문에
이유	I think it's a lot better _____. 미술관에 방문함으로써 예술작품을 보다 I want to _____. 예술작품의 크기와 색감을 직접 보다
근거	Virtual museum tours _____. 예술작품의 선명한 이미지를 보여줄 수 있다 However, _____. 경험은 같지 않다 If you just _____. 컴퓨터 스크린으로 예술작품을 본다면, 그만큼 인상적이고 감동적이지 않다
결론	Therefore, I believe _____. 직접 미술관을 방문하는 것이 훨씬 더 가치 있다

ACTUAL TEST

음원을 들으며 테스트해 보세요.  🎧 **Part 5_13** / 해설집 p.54

1

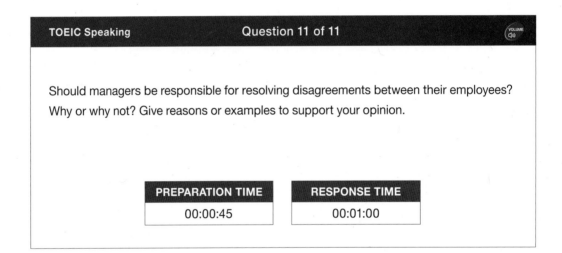

TOEIC Speaking		CONTINUE VOLUME

Question 11: Express an opinion

Directions: In this part of the test, you will give your opinion about a specific topic. Be sure to say as much as you can in the time allowed. You will have 45 seconds to prepare. Then you will have 60 seconds to speak.

TOEIC Speaking	Question 11 of 11	VOLUME

Should managers be responsible for resolving disagreements between their employees? Why or why not? Give reasons or examples to support your opinion.

PREPARATION TIME	RESPONSE TIME
00:00:45	00:01:00

2

Question 11: Express an opinion

Directions: In this part of the test, you will give your opinion about a specific topic. Be sure to say as much as you can in the time allowed. You will have 45 seconds to prepare. Then you will have 60 seconds to speak.

TOEIC Speaking   Question 11 of 11

Do you think companies need to spend a large amount of money on advertising in order to be successful? Why or why not? Give specific reasons or examples to support your opinion.

PREPARATION TIME	RESPONSE TIME
00:00:45	00:01:00

PART 5

주제별 빈출 질문과 핵심 답변 표현을 익혀 두고 잘 활용해 보세요.

일상생활

use public transportation vs. drive your car 대중교통 vs. 자가 운전

use public transportation 장점	drive your car 장점
- don't have to worry about a parking space 주차 공간 걱정 없음 - read books or watch TV on your mobile phone 휴대폰으로 책을 보거나 TV를 봄 - good for the environment 환경에 좋음	- feel comfortable 편함 - don't walk a lot 많이 걷지 않음 - easy to carry your bags and laptop 가방들이나 노트북을 가지고 다니기 쉬움

online (shopping / class / tour...) vs. visit in person 온라인 (쇼핑 / 수업 / 관람) vs. 직접 방문

online 장점	visit in person 장점
- save time and money 시간과 돈 절약 - anytime and anywhere 언제 어디서든	- get a real experience 실제 경험 - ask questions and get answers 질문하고 답변 얻기 - check everything in person 모든 것 직접 확인

small towns vs. big cities 작은 마을 vs. 큰 도시

small towns 장점	big cities 장점
- feel safe 안전 - be close to nature 자연과 가까움 - be cheaper to rent a house 월세가 저렴	- have better educational[entertainment] facilities 좋은 교육[오락] 시설들 - have convenient public transportation 편리한 대중교통

raise a pet / have a house plant / have a hobby 반려동물 / 화초 / 취미

장점	단점
- get rid of stress 스트레스 해소 - feel relaxed 편안함 - make new friends 새 친구를 사귐	- cost money 비용이 듦 - should be responsible 책임져야 함

parents' decision vs. children's decision 부모의 결정 vs. 아이들의 결정

parents' decision 장점	children's decision 장점
- give the best idea for their children 　아이들을 위한 최선의 아이디어 제공 - lead children to make fewer mistakes 　실수를 덜 하게 이끌어 줌	- do what they want to　본인이 하고 싶은 것 함 - feel responsible for their own decision 　본인 결정에 책임감 - learn more from mistakes　실수에서 더 많이 배움

language skills vs. computer skills 언어 능력 vs. 컴퓨터 기술

language skills 장점	computer skills 장점
- be more creative and imaginative 　창의적이고 상상력이 풍부해짐 - understand other people and cultures 　다른 사람들과 문화를 이해	- have better job choices　더 좋은 직업 선택권 - help to live in the future world 　미래 세상을 사는 데 도움

study in groups vs. study alone 그룹으로 공부 vs. 혼자서 공부

study in groups 장점	study alone 장점
- help each other　서로 도움 - feel motivated to study　공부할 자극을 받음 - easy to memorize when discussing 　토론하면 기억하기 쉬워짐	- focus more　더 집중 - free to choose when to study 　언제 공부할지를 자유롭게 정함

outdoor activities / musical instruments / art class 야외 활동/악기/미술 수업

장점	단점
- help students get rid of stress 　스트레스 해소에 도움 - find a new hobby　새로운 취미 찾기 - make new friends　새 친구를 사귐 - keep them healthy　건강 유지	- cost extra to learn and buy supplies 　배우고 용품을 사는 데 추가 비용이 듦 - feel competitive　경쟁심을 느낌

직장/업무

organizational skills 조직력 vs. communication skills 소통력

organizational skills 장점	communication skills 장점
- help employees work efficiently 　직원들이 효율적으로 일하게 도와줌 - bring more profits to a company 　회사에 더 많은 수익을 가져옴	- share new ideas easily 새 아이디어를 쉽게 공유함 - make employees feel comfortable and 　work better 직원들이 편안해 하고 일을 잘함

learning from coworkers vs. learning from managers 동료들 vs. 관리자들

coworkers 장점	managers 장점
- can be good friends with them 　친구가 될 수 있음 - help each other when making mistakes 　실수했을 때 서로 도움	- learn better skills from managers 　관리자들에게 좋은 기술을 배움 - get more practical feedback 　더 실용적인 피드백을 받음

success/good pay vs. enjoyable jobs/spending time with family
성공/높은 봉급 vs. 좋아하는 일/가족과 시간 보내기

success/good pay 장점	enjoyable jobs/spending time with family 장점
- have enough money to live comfortably 　여유롭게 살 만큼 돈이 넉넉함 - feel motivated to work harder 　더 열심히 일할 동기 부여	- get less stressed 스트레스를 덜 받음 - have good relationships with family 　가족과 관계가 좋음

working at large companies vs. working at small companies 큰 회사 vs. 작은 회사

large companies 장점	small companies 장점
- offer higher salaries and bonuses 　더 많은 봉급과 보너스 제공 - be stable 안정적	- have less competition for promotions 　승진 경쟁이 덜 함 - become closer to coworkers 동료간에 더 친근함

디지털/기술

sending e-mails/text messages vs. calling in person 이메일/문자 보내기 vs. 직접 전화하기

e-mails/text messages 장점	calling in person 단점
- send the same message to many people at once 한번에 많은 사람들에게 같은 메시지 보냄 - be effective for sharing files or Web site links 파일이나 웹사이트 공유에 효율적	- get real-time answers 실시간 답변을 얻음 - communicate clearly 명확하게 소통

technology/digital devices 기술/디지털 기기

장점	단점
- save time and money 시간과 돈 절약 - be very convenient 편리 - make the world a better place 세상을 더 좋은 곳으로 만듦	- be hard to keep up with 따라잡기 힘듦 - have a negative impact on the environment 환경에 부정적 영향 - miss face to face communication 대면 소통 사라짐

information online 온라인 정보

장점	단점
- be easy to access 접근하기 쉬움 - cover a wide range of topics 다양한 주제를 다룸	- may be incorrect 정확하지 않을 수 있음 - can change or disappear 바뀌거나 없어질 수 있음

mobile phones 휴대폰

장점	단점
- work or study wherever you want 원하는 곳 어디서나 일하고 공부 - have many entertaining apps 많은 오락 어플이 있음 - communicate with people via messages, calls or video calls 메시지, 전화, 영상 통화 등으로 사람들과 소통	- put privacy at risk 개인정보 유출 위험 - can be distracting 집중에 방해됨 - depend on mobile phones too much 휴대폰에 너무 의존함

온라인(www.ybmbooks.com)에서 실제 시험처럼 테스트해 보세요.　　🎧 **Final Test 1/** 해설집 p.56

Speaking Test Directions

This is the TOEIC Speaking Test. This test includes eleven questions that measure different aspects of your speaking ability. The test lasts approximately 20 minutes.

Question	Task	Evaluation Criteria
1-2	Read a text aloud	• pronunciation • intonation and stress
3-4	Describe a picture	all of the above, plus • grammar • vocabulary • cohesion
5-7	Respond to questions	all of the above, plus • relevance of content • completeness of content
8-10	Respond to questions using information provided	all of the above
11	Express an opinion	all of the above

For each type of question, you will be given specific directions, including the time allowed for preparation and speaking.

It is to your advantage to say as much as you can in the time allowed. It is also important that you speak clearly and that you answer each question according to the directions.

Click on **Continue** to go on.

TOEIC Speaking

Questions 1-2: Read a text aloud

Directions: In this part of the test, you will read aloud the text on the screen. You will have 45 seconds to prepare. Then you will have 45 seconds to read the text aloud.

Attention, shoppers. Today at Super Food Market, we're having a contest for customers in our store. Winners will receive either gift cards, discount vouchers, or free grocery items. If you're interested, visit the customer service desk and fill out an entry card.

PREPARATION TIME	RESPONSE TIME
00:00:45	00:00:45

At a press conference this afternoon, the traffic commissioner announced plans to renovate the Port Road Bridge. The bridge, built more than a century ago, is one of the city's most recognizable landmarks. Work crews will resurface the road, install new streetlights, and paint the bridge towers.

PREPARATION TIME	RESPONSE TIME
00:00:45	00:00:45

Questions 3-4: Describe a picture

Directions: In this part of the test, you will describe the picture on your screen in as much detail as you can. You will have 45 seconds to prepare your response. Then you will have 30 seconds to speak about the picture.

PREPARATION TIME	RESPONSE TIME
00:00:45	00:00:30

PREPARATION TIME	RESPONSE TIME
00:00:45	00:00:30

Questions 5-7: Respond to questions

Directions: In this part of the test, you will answer three questions. You will have three seconds to prepare after you hear each question. You will have 15 seconds to respond to Questions 5 and 6 and 30 seconds to respond to Question 7.

Imagine that a marketing firm is doing research in your country. You have agreed to participate in a telephone interview about cleaning your home.

TOEIC Speaking

Imagine that a marketing firm is doing research in your country. You have agreed to participate in a telephone interview about cleaning your home.

Is your entire home usually cleaned all at one time, or is your home usually cleaned a little at a time? Why?

PREPARATION TIME	RESPONSE TIME
00:00:03	00:00:15

TOEIC Speaking

Imagine that a marketing firm is doing research in your country. You have agreed to participate in a telephone interview about cleaning your home.

What cleaning task do you spend the most time doing, and why?

PREPARATION TIME	RESPONSE TIME
00:00:03	00:00:15

TOEIC Speaking

Imagine that a marketing firm is doing research in your country. You have agreed to participate in a telephone interview about cleaning your home.

If you were going to hire a company to clean your home, which of the following would be most likely to influence you? Why?
- Recommendations from friends
- Online reviews
- Television advertisements

PREPARATION TIME	RESPONSE TIME
00:00:03	00:00:30

Questions 8-10: Respond to questions using information provided

Directions: In this part of the test, you will answer three questions based on the information provided. You will have 45 seconds to read the information before the questions begin. You will have three seconds to prepare and 15 seconds to respond to Questions 8 and 9. You will hear Question 10 two times. You will have three seconds to prepare and 30 seconds to respond to Question 10.

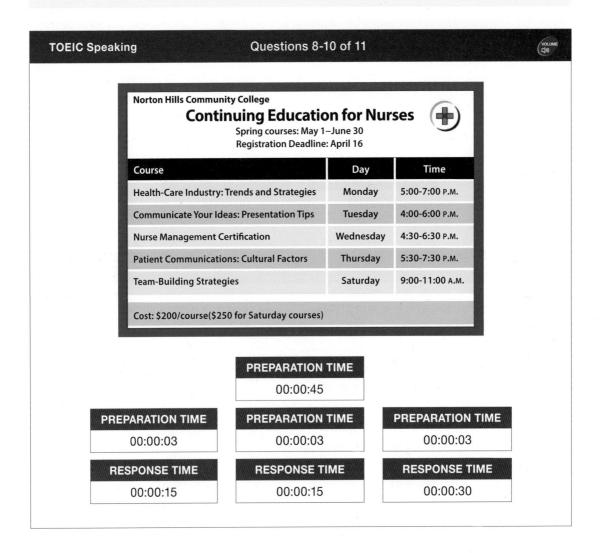

Norton Hills Community College

Continuing Education for Nurses

Spring courses: May 1–June 30
Registration Deadline: April 16

Course	Day	Time
Health-Care Industry: Trends and Strategies	Monday	5:00-7:00 P.M.
Communicate Your Ideas: Presentation Tips	Tuesday	4:00-6:00 P.M.
Nurse Management Certification	Wednesday	4:30-6:30 P.M.
Patient Communications: Cultural Factors	Thursday	5:30-7:30 P.M.
Team-Building Strategies	Saturday	9:00-11:00 A.M.

Cost: $200/course($250 for Saturday courses)

PREPARATION TIME
00:00:45

PREPARATION TIME	PREPARATION TIME	PREPARATION TIME
00:00:03	00:00:03	00:00:03

RESPONSE TIME	RESPONSE TIME	RESPONSE TIME
00:00:15	00:00:15	00:00:30

TOEIC Speaking

Question 11: Express an opinion

Directions: In this part of the test, you will give your opinion about a specific topic. Be sure to say as much as you can in the time allowed. You will have 45 seconds to prepare. Then you will have 60 seconds to speak.

TOEIC Speaking   Question 11 of 11

In the future, do you think shopping online will become more popular than visiting a store? Why or why not? Give reasons or examples to support your opinion.

PREPARATION TIME	RESPONSE TIME
00:00:45	00:01:00

TOEIC Speaking

CONTINUE VOLUME

Speaking Test Directions

This is the TOEIC Speaking Test. This test includes eleven questions that measure different aspects of your speaking ability. The test lasts approximately 20 minutes.

Question	Task	Evaluation Criteria
1-2	Read a text aloud	•pronunciation •intonation and stress
3-4	Describe a picture	all of the above, plus •grammar •vocabulary •cohesion
5-7	Respond to questions	all of the above, plus •relevance of content •completeness of content
8-10	Respond to questions using information provided	all of the above
11	Express an opinion	all of the above

For each type of question, you will be given specific directions, including the time allowed for preparation and speaking.

It is to your advantage to say as much as you can in the time allowed. It is also important that you speak clearly and that you answer each question according to the directions.

Click on **Continue** to go on.

Questions 1-2: Read a text aloud

Directions: In this part of the test, you will read aloud the text on the screen. You will have 45 seconds to prepare. Then you will have 45 seconds to read the text aloud.

Looking for an enjoyable and inexpensive night out? Stop by Garden City Cinema and catch a movie! For the last twenty years, we have proudly shown foreign, independent, and classic films for all audiences. To make your experience even more enjoyable, we also offer a variety of snacks and beverages. Check our Web site for a complete movie schedule.

PREPARATION TIME	RESPONSE TIME
00:00:45	00:00:45

Thank you for this farewell party. I can't believe that my retirement day has arrived. When you have a satisfying job, time passes quickly! I've watched this company grow from a small, local business to a large, international corporation. However, it's never stopped caring about individual employees. I will miss everyone. I'll always appreciate the cards, gifts, and memories.

PREPARATION TIME	RESPONSE TIME
00:00:45	00:00:45

Questions 3-4: Describe a picture

Directions: In this part of the test, you will describe the picture on your screen in as much detail as you can. You will have 45 seconds to prepare your response. Then you will have 30 seconds to speak about the picture.

PREPARATION TIME	RESPONSE TIME
00:00:45	00:00:30

PREPARATION TIME	RESPONSE TIME
00:00:45	00:00:30

Questions 5-7: Respond to questions

Directions: In this part of the test, you will answer three questions. You will have three seconds to prepare after you hear each question. You will have 15 seconds to respond to Questions 5 and 6 and 30 seconds to respond to Question 7.

Imagine that a U.S. marketing firm is doing research in your country. You have agreed to participate in a telephone interview about listening to music.

Imagine that a U.S. marketing firm is doing research in your country. You have agreed to participate in a telephone interview about listening to music.

How often do you listen to music, and where do you usually listen to it?

PREPARATION TIME	RESPONSE TIME
00:00:03	00:00:15

TEST 2

Imagine that a U.S. marketing firm is doing research in your country. You have agreed to participate in a telephone interview about listening to music.

Do you listen to music more or less now than you did in the past? Why?

PREPARATION TIME	RESPONSE TIME
00:00:03	00:00:15

Imagine that a U.S. marketing firm is doing research in your country. You have agreed to participate in a telephone interview about listening to music.

What is the best way to find out about new music? Why?
- Talking to friends or family
- Reading music reviews
- Listening to the radio

PREPARATION TIME	RESPONSE TIME
00:00:03	00:00:30

Questions 8-10: Respond to questions using information provided

Directions: In this part of the test, you will answer three questions based on the information provided. You will have 45 seconds to read the information before the questions begin. You will have three seconds to prepare and 15 seconds to respond to Questions 8 and 9. You will hear Question 10 two times. You will have three seconds to prepare and 30 seconds to respond to Question 10.

Putnam International Foods Company

Monthly Update

Monday, April 12

Time	Topic	Presenter
9:00–10:00 A.M.	Partnership with Dalton Fresh Foods • Effects on yearly budget • Recent policy changes	Dan Simon
10:00–10:30 A.M.	Changes to quarterly reporting	Mei Song
10:30–11:00 A.M.	Monthly budget review	Jim Asher
11:00–11:30 A.M.	Hiring new sales representatives • Procedure and timeline • Role of permanent staff in interviews	David Kim
11:30–11:50 A.M.	General question-and-answer session	

PREPARATION TIME
00:00:45

PREPARATION TIME	PREPARATION TIME	PREPARATION TIME
00:00:03	00:00:03	00:00:03

RESPONSE TIME	RESPONSE TIME	RESPONSE TIME
00:00:15	00:00:15	00:00:30

Question 11: Express an opinion

Directions: In this part of the test, you will give your opinion about a specific topic. Be sure to say as much as you can in the time allowed. You will have 45 seconds to prepare. Then you will have 60 seconds to speak.

Do you agree or disagree with the following statement?
It is better for children to grow up in big cities rather than in small towns.
Give reasons or examples to support your opinion.

PREPARATION TIME	RESPONSE TIME
00:00:45	00:01:00

TOEIC Speaking

CONTINUE · VOLUME

Speaking Test Directions

This is the TOEIC Speaking Test. This test includes eleven questions that measure different aspects of your speaking ability. The test lasts approximately 20 minutes.

Question	Task	Evaluation Criteria
1-2	Read a text aloud	• pronunciation • intonation and stress
3-4	Describe a picture	all of the above, plus • grammar • vocabulary • cohesion
5-7	Respond to questions	all of the above, plus • relevance of content • completeness of content
8-10	Respond to questions using information provided	all of the above
11	Express an opinion	all of the above

For each type of question, you will be given specific directions, including the time allowed for preparation and speaking.

It is to your advantage to say as much as you can in the time allowed. It is also important that you speak clearly and that you answer each question according to the directions.

Click on **Continue** to go on.

Questions 1-2: Read a text aloud

Directions: In this part of the test, you will read aloud the text on the screen. You will have 45 seconds to prepare. Then you will have 45 seconds to read the text aloud.

Welcome to *Richardson Morning Radio*. I'm here with your morning traffic report. With all the heavy snow we've been experiencing this morning, you can expect delays throughout the area. Continental Avenue, Elm Street, and Carver Highway will be particularly slow. Instead, take Highway One.

PREPARATION TIME	RESPONSE TIME
00:00:45	00:00:45

Do you have experience working in the food industry? If so, Branson Family Restaurant might have the job for you! We are opening two new locations this summer and will be hiring several servers, managers, and cooks. We offer competitive pay and flexible schedules. If you are interested in working for us, call our management office today!

PREPARATION TIME	RESPONSE TIME
00:00:45	00:00:45

Questions 3-4: Describe a picture

Directions: In this part of the test, you will describe the picture on your screen in as much detail as you can. You will have 45 seconds to prepare your response. Then you will have 30 seconds to speak about the picture.

PREPARATION TIME	RESPONSE TIME
00:00:45	00:00:30

| TOEIC Speaking | Question 4 of 11 | |

PREPARATION TIME	RESPONSE TIME
00:00:45	00:00:30

Questions 5-7: Respond to questions

Directions: In this part of the test, you will answer three questions. You will have three seconds to prepare after you hear each question. You will have 15 seconds to respond to Questions 5 and 6 and 30 seconds to respond to Question 7.

TOEIC Speaking

Imagine that a lifestyle magazine is preparing an article. You have agreed to participate in a telephone interview about sending and receiving text messages on your mobile phone.

Imagine that a lifestyle magazine is preparing an article. You have agreed to participate in a telephone interview about sending and receiving text messages on your mobile phone.

When was the last time you received a text message, and who was it from?

PREPARATION TIME	RESPONSE TIME
00:00:03	00:00:15

Imagine that a lifestyle magazine is preparing an article. You have agreed to participate in a telephone interview about sending and receiving text messages on your mobile phone.

How often do you send text messages, and do you send more text messages in the morning or in the evening?

PREPARATION TIME	RESPONSE TIME
00:00:03	00:00:15

Imagine that a lifestyle magazine is preparing an article. You have agreed to participate in a telephone interview about sending and receiving text messages on your mobile phone.

Describe some situations where you would prefer to make a phone call instead of send a text message.

PREPARATION TIME	RESPONSE TIME
00:00:03	00:00:30

TEST 3

Questions 8-10: Respond to questions using information provided

Directions: In this part of the test, you will answer three questions based on the information provided. You will have 45 seconds to read the information before the questions begin. You will have three seconds to prepare and 15 seconds to respond to Questions 8 and 9. You will hear Question 10 two times. You will have three seconds to prepare and 30 seconds to respond to Question 10.

National Conference on Urban Planning
Morris Convention Center
May 7

Schedule

9:30–10:30 A.M.	Keynote Speech: Bicycle-Friendly Streets (Jan Olson)
10:30 A.M.–12:30 P.M.	Workshop: Making Public Transport Maps (Bert Sims)
12:30–1:30 P.M.	Free Lunch Buffet
1:30–2:30 P.M.	Lecture: Eco-Friendly Infrastructure (Mark Lee)
2:30–3:30 P.M.	Video: *Balancing Preservation and Transformation*
3:30–4:30 P.M.	Workshop: Creative Park Improvements (Kate Smith)
4:30–5:00 P.M.	Awards Ceremony: Best Urban Planning Company

PREPARATION TIME
00:00:45

PREPARATION TIME	PREPARATION TIME	PREPARATION TIME
00:00:03	00:00:03	00:00:03

RESPONSE TIME	RESPONSE TIME	RESPONSE TIME
00:00:15	00:00:15	00:00:30

Question 11: Express an opinion

Directions: In this part of the test, you will give your opinion about a specific topic. Be sure to say as much as you can in the time allowed. You will have 45 seconds to prepare. Then you will have 60 seconds to speak.

For you, how important is it to spend time outdoors? Why? Give reasons or examples to support your opinion.

PREPARATION TIME	RESPONSE TIME
00:00:45	00:01:00

토익® 스피킹
기출스타트

최신개정판

해설집

Warm Up

CHECK UP

P.18
1 In my country, most high school students wear a school uniform.
2 There are customers standing at the counter.
3 He has lunch at noon every day.

P.19
1 I play tennis at 7 every morning. (tennis 앞에 관사 쓰지 않음)
2 The man in the middle is wearing a red jacket.
3 I found a cheaper hotel. Let's switch to the hotel.

P.20
1 This product makes me feel special.
2 The movie becomes more interesting after the first 30 minutes.
3 He looks serious at the computer.

P.21
1 I'll send you more details by e-mail.
2 He told me that he wouldn't be late again.
3 She gave me the book she bought yesterday.

P.22
1 You can choose high-quality organic ingredients.
2 You should be there by 8:30 for registration.
3 There will be about 50 guests coming to the seminar tomorrow.

P.23
1 She is talking on the phone now.
2 The audience is clapping their hands.
3 He reads about current issues to prepare for job interviews.

P.24
1 The presentation will be given by Dr. Brown.
2 Fruits are displayed on the stand.
3 All of the tables are covered with pink tablecloths.

P.25
1 The restaurant opened yesterday.
2 The packages haven't been delivered yet.
3 We had a lot of complaints from customers last month.

P.26
1 I'm afraid of speaking in public.
2 I like traveling more than shopping.
3 Gathering information on the company is very important.

P.27	1	The new conference room is bigger than the old one.
	2	We will be back with more interesting news tomorrow.
	3	Speaking a foreign language is the best qualification for this job.

P.28	1	This is the restaurant built in 1920.
	2	I can see some students playing baseball.
	3	She is looking at flowers displayed on the stand.

P.29	1	Each room is equipped with a telephone and an Internet connection.
	2	He is wearing a blue shirt and reading a book.
	3	I can offer you a full refund or exchange it for a new product.

P.30	1	The woman who is holding a baby in her arms looks very happy.
	2	I got the message that you sent me this morning.
	3	I have a friend who is an English teacher.

P.31	1	I guess my assistant made a mistake.
	2	I've found the best job for me.
	3	Almost all people work from 9 A.M. to 6 P.M.

P.32	1	The manager told his staff to prepare for the meeting.
	2	I asked him to take care of this.
	3	I want them to clean the floor before the seminar.

P.33	1	I received my bill from your company today.
	2	We will listen to his plan at the meeting tomorrow.
	3	My child likes music classes.

P.34	1	I liked the book that you recommended.
	2	It is what we discussed yesterday.
	3	I just did my best and it was what my parents told me.

P.35	1	I like drinking coffee when I watch TV.
	2	If you are a member of our library, you don't need to pay.
	3	I study English very hard so that I can pass the test.

P.36	1	There is a picture hanging on the wall.
	2	Flowers are planted in the ground.
	3	I saw him at the party last week.

P.37	1	They have a meeting on Friday.
	2	He has been living there for 5 years.
	3	I usually get up at 6:30 in the morning.

기초 다지기

PRACTICE

1 협조에 감사 드리며, 쇼를 즐겁게 감상하세요.

2 오늘 저녁에 에드윈 콜비 씨의 예술작품 전시회를 엽니다.

3 작업자들이 보수 공사를 하고 있어 보행자 통로가 전부 폐쇄됩니다.

PRACTICE
본책 p.43

1. 견학이 끝날 때 각각의 사탕 샘플을 드릴 것입니다.

2 와일드캣 아마추어 축구팀이 홈 구장으로 복귀합니다.

3 저희 슈퍼마켓에서는 인기 선물 품목의 가격을 낮췄습니다.

전략 파악하기

1 문장 끊어 읽기

PRACTICE
본책 p.44

1 교통 정보에 의하면, 오늘 아침 웰링튼 다리의 보수 공사가 통행자들에게 영향을 주고 있습니다.

2 질문이 있으면 주저 말고 물어보세요.

3 금요일 저녁에 방문하셔서 저희가 제공하려고 준비한 것을 보세요.

2 강세와 억양 익히기

PRACTICE
본책 p.45

1 카메라, 컴퓨터, 가전제품 전 품목을 할인 받을 수 있습니다.

2 헌팅튼 갤러리에 오신 걸 환영합니다.

3 온라인 요리 수업 수강을 고려해보시겠습니까?

기출로 훈련하기

1 공지 / 안내문

본책 p.47

PRACTICE

STEP 1

Welcome / to this year's **Construction Innovation Awards** banquet. // **Later** in the evening, / we'll present **awards**, ↗ introduce **special guests**, ↗ and look at the year's **most innovative projects**. ↘ // But **first**, / I'd like to **welcome** our **keynote** speaker, / **Maria Evans**. // **Maria** will share with us the **lessons** / she has **learned** / over the course of her **career**. //

올해 건축혁신상 연회에 오신 것을 환영합니다. 이따 저녁에 시상과 특별 초대손님 소개를 하고 가장 혁신적인 올해의 프로젝트들을 살펴볼 예정입니다. 먼저 기조연설자인 마리아 에반스를 모시고자 합니다. 마리아는 일하는 과정에서 얻은 교훈을 공유해 주실 겁니다.

해설
- 주목을 끄는 단어(Welcome, Later, first), 연설자 이름(Maria Evans) 등을 강조해 읽습니다.
- 나열 구문의 억양을 정확하게 표현하여 읽습니다. (awards, ↗ introduce special guests, ↗ and look at the year's most innovative projects. ↘)
- career[kəríər] [커뤼어ㄹ] 발음에 유의합니다. [캐뤼어] (X)

어휘   construction 건설, 건축 innovation 혁신 award 상 banquet 연회 present awards 상을 주다 introduce 소개하다 innovative 혁신적인 keynote speaker 기조연설자 over the course of ~하는 동안

When I was approached about **speaking** / at this **Holden** High School **graduation** ceremony, / I thought about **what advice** / I could share with you. // As a **diplomat** / for over **40** years, / I worked on **foreign policy**, ↗ **trade deals**, ↗ and important **negotiations**. ↘ // **However**, / the advice I have to share / has **little** to do with **politics** / and **everything** to do with **communication**. //

제가 이 홀든 고등학교 졸업식에서 연설을 해 달라는 연락을 받았을 때 여러분께 어떤 조언을 나눠드릴 수 있을지 생각했습니다. 저는 40년 이상 외교관으로서 외교 정책, 무역 협정, 중요한 협상 등에 관한 일을 했습니다. 하지만 제가 나누고 싶은 조언은 정치와는 거의 관련이 없고, 전부 의사소통에 관한 것입니다.

해설
- 경력을 보여주는 단어(diplomat, 40), 반전을 나타내는 단어(However) 등을 강조해 읽습니다.
- 나열 구문의 억양을 정확하게 표현하여 읽습니다. (foreign policy, ↗ trade deals, ↗ and important negotiations. ↘)
- diplomat[dípləmæt] [디플러맽], negotiation[nigòuʃiéiʃən] [니고우쉬에이션] 발음에 유의합니다.

어휘   approach 접근하다 graduation ceremony 졸업식 diplomat 외교관 foreign policy 외교 정책 trade deal 무역 협정 negotiation 협상 have little to do with ~와 거의 관련이 없다

5

Thank you / for **watching** this instructional **video** / on how to **plant** vegetables! // **First**, / make **sure** / you have the correct quantity / of **seeds**, ↗ planting **soil**, ↗ and **pots**. ↘ // Before you begin **filling** the pots with soil, / make **sure** / they're the **appropriate** sizes. // And **remember**, / **water** must be able to **drain** / from the **containers**. //

채소 심는 법에 관한 본 교육용 동영상을 시청해 주셔서 감사합니다! 먼저 적정한 양의 씨앗과 식물재배용 흙, 화분을 준비하도록 하세요. 화분을 흙으로 채우기 전에 적절한 크기인지 확인하세요. 물이 용기에서 배출될 수 있어야 한다는 점을 기억하십시오.

해설
- 지시하는 표현(First, sure, remember) 등을 강조해 읽습니다.
- 나열 구문의 억양을 정확하게 표현하여 읽습니다. (seeds, ↗ planting soil, ↗ and pots. ↘)
- quantity[kwántəti] [쿠완터티] appropriate[əpróuprièit] [어프러프리에이트] 발음에 유의합니다.

어휘 instructional 교육용의 plant 심다 correct 맞는 quantity 양 seed 씨앗 planting soil 식물재배용 흙 fill A with B A를 B로 채우다 appropriate 적절한 drain (물이) 빠지다, 배출되다 container 용기

2 방송

본책 p.49

PRACTICE

And **now** / for your weekend **traffic** report. // This **Saturday**, / a **concert** in **Brookside Park** / will cause significant **delays** / in the city center. // If you plan to **attend** the concert, / you should consider using **public transportation**. // You may **also** want / to take public transportation to places / like the **art museum**, ↗ the **theater**, ↗ and other nearby **attractions**. ↘ //

자 이제 주말 교통 정보입니다. 이번 주 토요일 브룩사이드 공원에서 열리는 음악회로 도심에 심각한 정체가 발생할 겁니다. 음악회에 참석할 예정이시라면 대중교통 이용을 고려해 보세요. 미술관, 극장, 기타 인근 명소 등의 장소에도 대중교통을 이용하시는 것이 좋겠습니다.

해설
- 교통 방송의 주요 정보인 장소명이나 요일, 시간(Brookside Park, Saturday) 등을 강조해 읽습니다.
- 나열 구문의 억양을 정확하게 표현하여 읽습니다. (art museum, ↗ the theater, ↗ and other nearby attractions. ↘)
- the art에서 the는 모음 앞이므로 [ði] [디]로 발음합니다.

어휘 cause 야기하다, 발생시키다 significant 중대한, 중요한 delay 지체, 지연 attend 참석하다 consider 고려하다 public transportation 대중교통 nearby 근처의 attraction 명소

Attention radio listeners! // Our station is hosting a **competition** / this **Saturday evening** / at the **Grafton Club**, / the city's **most** popular nightclub. // **Come** hear **local bands** / as they **compete** for a chance / to have their **song** played / on our station. // At this event, / you can **discover** new **music,** ↗ **enjoy** delicious **food,** ↗ and **vote** for your **favorite** performers! ↘ //

주목해 주세요, 라디오 청취자 여러분! 저희 방송국은 이번 주 토요일 저녁, 시에서 가장 인기 있는 나이트클럽인 그래프튼 클럽에서 경연대회를 엽니다. 지역 밴드들이 저희 방송국에서 노래를 연주할 기회를 놓고 경합을 펼치니 오셔서 들어보세요. 이번 행사에서는 새로운 음악을 발견하고 맛있는 음식을 즐기며 좋아하는 연주자에게 투표도 할 수 있습니다!

해설
- 주목을 끄는 단어(Attention), 행사 요일(Saturday evening), 장소명(Grafton Club) 등을 강조해 읽습니다.
- 나열 구문의 억양을 정확하게 표현하여 읽습니다. (new music, ↗ enjoy delicious food, ↗ and vote for your favorite performers! ↘)
- competition[kÀmpətíʃən] [컴퍼티션]과 compete[kəmpíːt] [컴피:트] 발음에 유의합니다.

어휘   station 방송국 host 주최하다 competition 경연, 대회 popular 인기 있는 compete 경쟁하다 discover 발견하다 vote for ~에 투표하다 performer 연기자, 연주자

STEP 2

Good morning. / You're listening to *Discussion Hour* / on **News Radio.** // On today's program, / our **guest** speaker is **scientist Ken Higgins.** // Ken's **research** has **taken** him around the world / to **Asia,** ↗ **Africa,** ↗ and **South America.** ↘ // His **new book,** / which was released / **just two** weeks ago, / is already a **best seller.** //

좋은 아침입니다. 여러분은 뉴스 라디오의 <디스커션 아워>를 듣고 계십니다. 오늘 프로그램 초청 연사는 과학자 켄 히긴스입니다. 켄은 연구를 위해 아시아, 아프리카, 남아메리카 등 전 세계를 다녔죠. 그의 새 저서는 불과 2주 전에 발표됐지만 이미 베스트셀러입니다.

해설
- 초청 연사 이름(Ken Higgins), 숫자(just two) 등을 강조해 읽습니다.
- 나열 구문의 억양을 정확하게 표현하여 읽습니다. (Asia, ↗ Africa, ↗ and South America. ↘)
- Asia[éiʒə] [에이져] 발음에 유의합니다. [아시아] (X)

어휘   guest speaker 초청 연사 research 연구 release 발표하다, 공개하다

3 광고문

PRACTICE

STEP 1

Do you own a **small** business? ↗// If **so**, / consider hiring **Butler Cleaning Services**. // Whether you're looking for regular **maintenance** ↗ / or just need a **single visit**, ↘ / we can help. // Our **expert** cleaning staff / will remove **dirt**, ↗ **dust**, ↗ and **clutter** ↘ / from your workplace. // Visit our **Web site** / to learn more about **Butler's affordable** services. //

소규모 업체를 운영하십니까? 그렇다면 버틀러 클리닝 서비스 이용을 고려해 보세요. 정기 유지보수를 찾으시든, 1회 방문이 필요하시든 저희가 도와드릴 수 있습니다. 청소 전문 직원이 여러분 일터의 먼지와 잡동사니를 치워드리겠습니다. 저희 웹사이트를 방문하셔서 적정한 가격의 버틀러 서비스에 대해 더 알아보세요.

해설
- 상호명(Butler Cleaning Services)을 강조해 읽습니다.
- 2개, 3개 나열 구문의 억양을 정확하게 표현하여 읽습니다. (regular maintenance ↗ or just need a single visit ↘) (dirt, ↗ dust, ↗ and clutter ↘)
- 조동사 의문문은 문장 끝을 올려 읽습니다. (Do you own a small business? ↗)

어휘   consider 고려하다   hire 고용하다, 채용하다   look for ~를 찾다   regular 정기적인, 규칙적인   maintenance 유지보수   expert 전문가   remove 치우다, 제거하다   dirt 먼지, 때   dust 먼지   clutter 잡동사니   affordable (가격이) 알맞은, 적정한

Are you looking to get the **most** / out of this **summer**? ↗// **Howard Home Improvement Solutions** has / top-quality **grills**, ↗ **decking**, ↗ and **pool** equipment. ↘ // We have **everything** you need / for summertime **fun** at home. // **Come** visit us / and **talk** to one of our staff members / **today**. //

이 여름을 최대한 즐기고 싶으신가요? 하워드 주거 개선 솔루션은 최고 품질의 그릴과 데크, 수영장 장비를 갖추고 있습니다. 저희는 가정에서 여름을 즐기기 위해 필요한 모든 것을 갖추고 있습니다. 오늘 바로 오셔서 저희 직원들과 이야기 나누세요.

해설
- 상호명(Howard Home Improvement Solutions)을 강조해 읽습니다.
- 나열 구문의 억양을 정확하게 표현하여 읽습니다. (top-quality grills, ↗ decking, ↗ and pool equipment. ↘)
- Be동사 의문문은 문장 끝을 올려 읽습니다. (Are you looking to get the most out of this summer? ↗)

어휘   get the most out of ~을 최대한 활용하다   improvement 향상, 개선   solution 해결책   decking 마룻장, 데크

8

STEP 2

For **this** weekend **only**, / **Fresh Zone Supermarket** is running **promotions** / in **all** departments. // This is your **chance** to take advantage of **low** prices / on **meat**, ↗ **seafood**, ↗ and **baked goods**. ↘// If you are looking to **stock** up / for this coming **holiday** season, / **come** and see our deals **today**. //

오직 이번 주말만, 프레시 존 슈퍼마켓은 모든 코너에서 행사를 진행합니다. 육류, 해산물, 제빵류를 저렴한 가격으로 이용하실 수 있는 기회입니다. 다가오는 연휴를 위해 쟁여 놓으시려면 오늘 나오셔서 혜택을 확인하세요.

해설
• 상호명(Fresh Zone Supermarket), 할인 기간(this weekend only), 방문 유도(come) 등을 강조해 읽습니다.
• 나열 구문의 억양을 정확하게 표현하여 읽습니다. (meat, ↗ seafood, ↗ and baked goods. ↘)
• 다양한 복수형 departments[dipáːrtmənts] [디팔트먼츠], prices[praisiz] [프라이시즈], goods[gudz] [굳즈] 발음에 유의합니다.

어휘 promotion 홍보 (행사) department 코너, 부문 take advantage of ~을 이용하다, 활용하다 stock up 비축하다, 쟁여 놓다 deal 거래, 혜택(가)

4 자동 응답 메시지
본책 p.53

PRACTICE

STEP 1

You've reached **La Palma Community Center**. // If you would like to know / more about our scheduled **events**, ↗ upcoming **activities**, ↗ and ongoing **classes**, ↘/ **please** press **one**. // To **reserve** one of our event **rooms**, / press **two**. // Or, **remain** on the **line** / to be connected to the **front** desk. // **Thank** you. //

라 팔마 주민센터에 연결되셨습니다. 행사 일정, 앞으로 진행될 활동, 현재 진행 중인 수업 등에 대해 자세히 알고 싶으시면 1번을 누르세요. 행사장 예약을 위해서는 2번을 누르세요. 안내데스크 연결을 원하시면 그대로 기다려 주세요. 감사합니다.

해설
• 전화가 연결된 장소(La Palma Community Center), 내선 번호(one, two), 요청의 표현(please) 등을 강조해 읽습니다.
• 나열 구문의 억양을 정확하게 표현하여 읽습니다. (events, ↗ upcoming activities, ↗ and ongoing classes, ↘)
• l/r 발음 class[클래쓰], please [플리즈], press [프뤠쓰], line [라인] 발음에 유의합니다.

어휘 upcoming 다가오는 ongoing 진행 중인 reserve 예약하다 remain 남다 connect 연결하다

9

Thank you / for calling **Mama's Pizza restaurant**. // We have the **best** pizzas ↗ and pastas ↘ in town. // For your convenience, / customers can **now** place **orders** / on our **Web site**. // **Check** it out **now** / if you prefer **not** to wait. // **Otherwise**, / an **employee** will be **right** with you / to take your delivery **order**. // Be **sure** to ask about our deals / on **meatballs**, ↗ **chicken wings**, ↗ and **fries.** ↘ //

마마즈 피자 레스토랑에 전화 주셔서 감사합니다. 저희는 지역 최고의 피자와 파스타를 만듭니다. 고객님의 편의를 위해 현재 저희 웹사이트에서도 주문하실 수 있게 해 두었습니다. 기다리길 원치 않으시면 지금 확인해보세요. 그렇지 않으면, 배달 주문을 받기 위해 직원이 바로 연결되겠습니다. 미트볼, 치킨윙, 감자 튀김의 특별 혜택가를 반드시 문의하세요.

해설
- 인사말(Thank), 전화가 연결된 장소(Mama's Pizza Restaurant) 등을 강조해 읽습니다.
- 2개, 3개 나열 구문의 억양을 정확하게 표현하여 읽습니다. (pizzas↗ and pastas↘), (meatballs, ↗ chicken wings, ↗ and fries.↘)
- 단어 속 [v] 발음에 유의합니다. 윗니와 아래 입술을 약간 떼고, 바람을 밀며 발음합니다.
  convenience[kənvíːnjəns] [컨비니언ㅅ] , delivery[dilívəri] [딜리버리]

어휘 convenience 편의, 편리 place an order 주문하다 employee 직원

STEP 2

Hello / and **thank** you for calling / **Thompson's Appliance Repair**. // Our opening hours are / **Monday** through **Saturday** / from **7** A.M. to **9** P.M. // **All** of our lines are currently **busy**. // **Please** call back later, / or leave us a **message** / and we will call you back as **soon** as possible. // **Please** leave your **name**, ↗ **contact** information, ↗ and **message** ↘ / after the tone. // **Thank** you. //

안녕하세요. 톰슨 가전 수리점에 전화 주셔서 감사합니다. 영업시간은 월요일부터 토요일, 오전 7시부터 오후 9시까지입니다. 현재 모든 회선이 통화 중입니다. 나중에 다시 걸어주시거나 메시지를 남기시면, 저희가 가능한 빨리 다시 연락 드리겠습니다. 성함과 연락처 그리고 메시지를 '삐'소리 후에 남겨 주십시오. 감사합니다.

해설
- 인사말(Hello, thank), 전화가 연결된 장소(Thompson's Appliance Repair), 영업시간, 요일 등을 강조해 읽습니다.
- 나열 구문의 억양을 정확하게 표현하여 읽습니다. (name, ↗ contact information, ↗ and message↘)
- appliance[əpláiəns] [어플라이언ㅅ] 발음에 유의합니다. [어플리언ㅅ] (X)

어휘 appliance 가전제품 repair 수리; 수리하다 currently 현재 tone 신호음

1-1

Thank you / for attending this **press conference**. // The **Weston Transportation Department** / is pleased to celebrate / the **opening** of this **railway** station. // After **three** years of construction, / our **facility** is now ready to serve / **commuters,** ↗ **tourists,** ↗ and **travelers** ↘ of **all** kinds. // Before we **show** everyone around the building, / **Mayor Johnson** would like to say a few words. //

기자회견에 참석해 주셔서 감사합니다. 웨스튼 교통부는 기차역 개장을 기념하게 되어 기쁩니다. 저희 시설은 3년간의 공사 끝에 통근자, 관광객 및 모든 형태의 여행객을 모실 준비가 되었습니다. 건물을 보여 드리기에 앞서 존슨 시장께서 간단한 인사말을 하시겠습니다.

해설
- 행사 안내문에서는 행사명(press conference), 주최자(Weston Transportation Department), 주요 인사 이름(Mayor Johnson) 등을 강조해 읽습니다.
- 나열 구문의 억양을 정확하게 표현하여 읽습니다. (commuters, ↗ tourists, ↗ and travelers ↘)
- facility [fəsíləti] [훠씰러티] 발음에 유의합니다.

어휘
attend 참석하다 press conference 기자회견 transportation 교통, 운송 department 부서 celebrate 기념하다, 축하하다 construction 건설, 공사 facility 시설 commuter 통근자

1-2

Today / on our **Summer Activities** news segment, / we'll speak with the **director** / of the **Archer County Summer Festival**, / **Anne Jackson**. // She will tell us about / the festival's **prices,** ↗ **hours** of operation, ↗ and various **attractions**. ↘ // So if you're looking for something **fun** to do this summer, / stay **tuned** for more details. //

오늘 여름 활동 소식 부분에서는 아처 카운티 여름 페스티벌의 책임자인 앤 잭슨과 이야기 나누겠습니다. 그녀는 축제 비용, 운영시간, 다양한 볼거리에 대해 말씀해 주실 겁니다. 올 여름 즐길 거리를 찾고 계시다면 채널을 고정하고 자세한 내용을 들어보세요.

해설
- 방송문에서는 프로그램명(Summer Activities), 초대손님 이름(Anne Jackson) 등을 강조해 읽습니다.
- 나열 구문의 억양을 정확하게 표현하여 읽습니다. (prices, ↗ hours of operation, ↗ and various attractions. ↘)
- county [káunti] [카운티]를 country [kʌ́ntri] [컨트리]와 혼동하지 않도록 합니다.

어휘
activity 활동 segment 부분 director 책임자, 관리자 festival 축제 hours of operation 운영시간, 영업시간 various 다양한 attraction 명소, 명물 stay tuned 채널을 고정하다

2-1

Looking for the perfect **home**? ↗ // **Windy Grove Apartments** / is the place for you! // Our renovated units have / spacious **living areas**, ↗ comfortable **bedrooms**, ↗ and modern **kitchens**. ↘ // **Additionally**, / our building features / a **gym** ↗ and an indoor **swimming** pool. ↘ // If you would like to **visit** our apartments, / **register** for a tour / on our **Web site**. //

완벽한 집을 찾으시나요? 윈디 그로브 아파트는 그런 당신을 위한 곳입니다! 개조한 아파트들은 널찍한 거실 면적과 편안한 침실, 현대인인 주방을 갖췄습니다. 아울러 건물에 체육관과 실내 수영장도 있습니다. 저희 아파트를 방문하시려면 웹사이트에서 방문 신청을 하십시오.

해설
- 광고문에서는 광고 대상(Windy Grove Apartments), 혜택(gym, swimming pool), 예약 방법(Web site) 등을 강조해 읽습니다.
- 2개, 3개 나열 구문의 억양을 정확하게 표현하여 읽습니다. (living areas, ↗ comfortable bedrooms, ↗ and modern kitchens. ↘), (a gym ↗ and an indoor swimming pool. ↘)
- 의문사가 없는 의문문은 끝을 올려 읽습니다. (Looking for the perfect home? ↗)

어휘 renovate 개조하다, 보수하다 spacious 널찍한 living area 거실 면적 additionally 게다가 feature 특별히 포함하다 register 등록하다

2-2

Thank you / for calling **Richmond Financial**. // We have been providing the community / with **accounting**, ↗ **financial**, ↗ and **investment** services ↘ / for over **three** decades. // If you are interested / in one of our services, / **please** make an **appointment** with an associate **today**. // To set up an appointment, / **please** press **one** now. // **Thank** you. //

리치몬드 금융에 전화 주셔서 감사합니다. 저희는 30년이 넘도록 회계, 금융, 투자 서비스를 지역에 제공해오고 있습니다. 저희 서비스에 관심이 있으시면, 오늘 직원과 예약을 잡아 주십시오. 예약하시려면, 지금 1번을 누르십시오. 감사합니다.

해설
- 전화 응답 메시지에서는 전화가 연결된 장소나 기관명(Richmond Financial), 주요 정보(accounting, financial, investment services), 내선 번호(one) 등을 강조해 읽습니다.
- 나열 구문의 억양을 정확하게 표현하여 읽습니다. (accounting, ↗ financial, ↗ and investment services ↘)
- decades[dékeiz] [데케이ㅈ]와 associate[əsóuʃièit] [어쏘쉬엩] 발음에 유의합니다.

어휘 financial 금융의, 재정적인 serve (서비스 등을) 제공하다 accounting 회계, 경리 investment 투자 decade 10년 associate 직원

Describe a picture (Q3-4)

기출로 훈련하기

1 회사/학교

STEP 1

본책 p.66

❶ 사진 소개	This is a picture of <u>five people</u> in a meeting room.	이것은 회의실 안에 다섯 명의 사진입니다.
❷ 중심 대상	The woman on the left is <u>wearing glasses</u> and standing at the table. She is <u>handing</u> a piece of paper to another woman. The woman in the background is <u>drawing something</u> on the chart.	왼쪽 여자는 안경을 쓰고 있고, 테이블 앞에 서 있습니다. 그녀는 또 다른 여자에게 종이를 건네고 있습니다. 사진 뒤의 여자는 차트에 무언가를 그리고 있습니다.
❸ 주변/분위기	I can see a big TV <u>hanging on the wall</u>. The table is very messy <u>with many items</u>. Everyone in this picture looks <u>busy</u>.	벽에 걸려 있는 큰 TV를 볼 수 있습니다. 테이블은 많은 물건들로 매우 지저분합니다. 사진 속 모두가 바빠 보입니다.

어휘　hand 건네다　draw 그리다　hanging 걸린　messy 지저분한, 어지러운

❶ 사진 소개	This picture shows a classroom.
❷ 중심 대상	Some people are sitting at desks and writing something on paper. The woman in the middle is wearing glasses and a blue long-sleeved T-shirt. Next to her, a man has very short hair.
❸ 주변/분위기	I can see some books and pencil holders placed on the desk. Everyone in this picture seems like they are taking a test quietly.

어휘   long-sleeved 긴 소매의   pencil holder 연필꽂이   quietly 조용히

2 시장 / 상점 / 식당 / 호텔

❶ 사진 소개	I can see two women in a clothing store.	옷 가게 안에 두 여자를 볼 수 있습니다.
❷ 중심 대상	The woman on the left is putting something into her bag. The other woman in the middle is standing in front of a clothing rack and choosing clothes from the rack. She has two bags around her shoulder.	왼쪽 여자는 가방 속에 무언가를 집어넣고 있습니다. 가운데 여자는 옷걸이 앞에 서 있고, 옷걸이에서 옷을 고르는 중입니다. 그녀는 어깨에 가방 두 개를 가지고 있습니다.
❸ 주변/분위기	Many clothes are displayed in this store. But this place is not very crowded with people.	가게 안에 많은 옷들이 진열되어 있습니다. 그러나 이 장소는 사람들로 매우 붐비지는 않습니다.

어휘   rack 선반, 걸이   shoulder 어깨   crowded 붐비는

❶ 사진 소개	This is a picture of <u>a cafeteria</u>.
❷ 중심 대상	The woman on the left is <u>wearing a red dress</u> and standing in front of the food table.
	She has her arms folded and is looking at <u>the woman on the right</u>.
	She is <u>wearing a white uniform</u>.
	I think <u>she is a chef</u>.
	There are also two other workers <u>standing behind the table</u>.
❸ 주변/분위기	I can see many dishes and foods <u>arranged on the table</u>.
	This place looks <u>very clean</u>.

어휘   fold 접다   chef 요리사   arranged 정렬된

3 거리/역/정류장/공항

❶ 사진 소개	This picture shows two people <u>walking on the street</u>.	이 사진은 길을 걷고 있는 두 사람을 보여줍니다.
❷ 중심 대상	The man on the left is wearing a brown coat and <u>carrying a bag</u>.	왼쪽 남자는 갈색 코트를 입고 있고 가방을 메고 있습니다.
	He is <u>touching his pocket</u>.	그는 그의 주머니를 만지고 있습니다.
	The woman on the right is wearing a black coat and <u>walking with a bike</u>.	오른쪽 여자는 검은색 코트를 입고, 자전거를 가지고 걷고 있습니다.
❸ 주변/분위기	The bike <u>has a basket</u> on the front.	자전거는 앞쪽에 바구니를 가지고 있습니다.
	I can see a big door and a small window <u>in the background</u>.	뒤쪽에 큰 문과 작은 창을 볼 수 있습니다.
	<u>This street</u> is very clean.	이 거리는 매우 깨끗합니다.

본책 p.71

❶ 사진 소개	This picture was taken <u>outdoors</u>.
❷ 중심 대상	<u>There are three people</u> in this picture. The woman on the left is standing and <u>looking at the other women</u>. She is <u>holding onto a red suitcase</u> and carrying a bag. Two women in the background are <u>sitting on the bench</u>.
❸ 주변/분위기	I can see <u>a trash can</u> on the right. I think this place is <u>a parking lot</u> or a bus stop.

어휘　trash can 쓰레기통　parking lot 주차장

4　공원/유원지

STEP 1　　　　　　　　　　　　　　　　　　　본책 p.72

❶ 사진 소개	There are <u>three people</u> in the park.	공원에 세 사람이 있습니다.
❷ 중심 대상	Two people on the left are standing <u>with their bikes</u>. They are wearing <u>safety helmets</u> and backpacks. I think the man on the right is <u>taking a picture</u>.	왼쪽의 두 사람은 자전거와 함께 서 있습니다. 그들은 안전모를 쓰고 있고, 배낭을 메고 있습니다. 오른쪽 남자는 사진을 찍고 있는 것 같습니다.
❸ 주변/분위기	I can see <u>beautiful trees</u> with yellow and red leaves. It is a beautiful day <u>in fall</u>.	노랗고 빨간 잎들로 아름다운 나무들을 볼 수 있습니다. 가을의 아름다운 날입니다.

어휘　safety helmet 안전모　backpack 배낭　leaf 잎 (복수형 leaves)

STEP 2

❶ 사진 소개	This looks like a picture of a park.
❷ 중심 대상	There are three people hiking together. All of them are wearing shorts and sneakers. The woman in the middle is wearing a backpack and a hat. The woman on the right is looking at a map.
❸ 주변/분위기	I can see many green trees along the path. This place looks very sunny and beautiful.

어휘   hike 도보여행 하다 sneakers 운동화 path 길

ACTUAL TEST

1-3

❶ 사진 소개	This is an outdoor market.	이곳은 야외시장입니다.
❷ 중심 대상	There are many people shopping around. The man on the left is wearing a white shirt and blue gloves. Another man is pointing at tomatoes.	쇼핑을 하는 많은 사람들이 있습니다. 왼쪽에 있는 남자는 흰 셔츠와 파란 장갑을 끼고 있습니다. 다른 한 남자는 토마토를 가리키고 있습니다.
❸ 주변/분위기	Many vegetables are displayed. This place looks very busy and crowded.	많은 야채들이 진열되어 있습니다. 이 장소는 매우 바쁘고 붐벼 보입니다.

어휘   outdoor market 야외시장 point at ~를 가리키다 crowded 붐비는

1-4

❶ 사진 소개	This is a picture of two people in a store.	이것은 가게 안에 있는 두 사람의 사진입니다.
❷ 중심 대상	The man on the left is standing at the counter and has his hand in his bag. I think he is taking out his money. The woman in the middle is holding an item and checking the price.	왼쪽 남자는 계산대에 서 있고, 손을 가방 안에 넣고 있습니다. 돈을 꺼내려는 것 같습니다. 가운데 여자는 물건을 들고 가격을 확인하고 있습니다.
❸ 주변/분위기	I can see lots of bread in two brown bags on the counter. This place looks small and cozy.	계산대 위에 있는 두 개의 갈색 바구니 안에 많은 빵들을 볼 수 있습니다. 이 장소는 작고 아늑하게 보입니다.

어휘 check 확인하다 cozy 아늑한

2-3

❶ 사진 소개	This picture shows four people at an outdoor cafe.	이 사진은 야외카페에 있는 네 사람을 보여줍니다.
❷ 중심 대상	The man in a blue shirt is standing at the table. I think he is a waiter and taking an order. Three women are sitting around the table.	파란 셔츠를 입은 남자가 테이블 옆에 서 있습니다. 그는 웨이터이고, 주문을 받는 중이라 생각합니다. 세 명의 여자들은 테이블 둘레에 앉아 있습니다.
❸ 주변/분위기	I can see a big colorful umbrella over the table. Everyone looks relaxed.	테이블 위로 크고 화려한 파라솔이 보입니다. 모두가 느긋해 보입니다.

어휘 take an order 주문을 받다 (patio) umbrella 파라솔 relaxed 느긋한, 편안한

2-4

❶ 사진 소개	This picture was taken on the street.	이 사진은 길거리에서 찍혔습니다.
❷ 중심 대상	The man in the middle is holding a pink umbrella and looking at the food display case. The man on the right is taking pictures of him. The woman in the background is walking along the street and carrying a plastic bag.	가운데 남자는 핑크색 우산을 들고 있고, 음식 진열장을 보고 있습니다. 오른쪽 남자는 그의 사진을 찍고 있습니다. 뒤쪽 여자는 길을 따라 걷고 있고 비닐봉지를 들고 있습니다.
❸ 주변/분위기	There is a tall tree standing on the left. I think this is a small town.	왼쪽에 큰 나무가 서 있습니다. 이곳은 작은 마을이라고 생각합니다.

어휘   display case 진열장   take a picture of ~의 사진을 찍다   plastic bag 비닐봉지

PART 3

Respond to questions (Q5-7)

PRACTICE

본책 p.85

1   **Q.** When was the last time you purchased sporting goods? 마지막으로 운동용품을 산 것은 언제입니까?
    A. The last time I purchased sporting goods was last month. 마지막으로 운동용품을 산 것은 지난달이었습니다.

2   **Q.** How often do you go to the park? 공원에는 얼마나 자주 갑니까?
    A. I go to the park once or twice a month. 저는 한 달에 한두 번 공원에 갑니다.

3   **Q.** Where do you usually have lunch? 점심은 주로 어디서 먹습니까?
    A. I usually have lunch at my school cafeteria. 저는 주로 학교 구내식당에서 점심을 먹습니다.

1   Question 5   답변 방식 익히기

PRACTICE

본책 p.87

1   **Q.** How long have you lived in your area, and is your workplace or school near where you live?

당신 지역에 얼마나 오래 살았고, 직장이나 학교가 사는 곳에서 가까운가요?

   A. I have lived in my area for about 10 years and my school is near where I live. It takes about 15 minutes to get there by bus.

제 지역에서 약 10년 동안 살아 왔고, 학교는 사는 곳과 가깝습니다. 거기까지 버스로 15분 정도 걸립니다.

2   **Q.** When was the last time you used a taxi, and where did you take it to?

마지막으로 택시를 이용한 것은 언제이고, 택시를 타고 어디로 갔습니까?

   A. The last time I used a taxi was last Friday. I took it to work.

마지막으로 택시를 이용한 것은 지난 금요일입니다. 택시를 타고 직장에 갔습니다.

3   **Q.** What kind of job do you have now, or what kind of job are you interested in having?

어떤 종류의 직업을 갖고 있습니까, 혹은 어떤 종류의 직업에 관심이 있습니까?

   A. I'm interested in a teaching job. I'd like to teach history to children.

교육직에 관심이 있습니다. 아이들에게 역사를 가르치고 싶습니다.

어휘   be interested in ~에 관심이 있다

4   **Q.** How often do you do the dishes? How long does it take?

얼마나 자주 설거지를 합니까? 시간은 얼마나 걸립니까?

    A. I do the dishes <u>once or twice a week</u>. It takes <u>about 10 minutes</u>.

일주일에 한두 번 설거지를 합니다. 약 10분 정도 걸립니다.

5   **Q.** Have you ever volunteered to help with any events in your community? Why or why not?

지역행사를 돕는 자원봉사를 해본 적 있나요?

    A. No, I haven't. I don't <u>spend much time</u> at home and I don't know <u>many of my neighbors</u>.

아니요, 해본 적 없습니다. 집에서 시간을 많이 보내지 않고, 제 이웃들도 많이 모릅니다.

어휘   volunteer 자원봉사하다 community 지역, 공동체

6   **Q.** What was the last piece of sportswear you bought? Where did you buy it?

당신이 구매한 마지막 운동복은 무엇이었습니까? 어디서 샀습니까?

    A. The last piece of sportswear I bought was <u>a pair of black leggings</u> for my yoga class. I bought them <u>online</u>.

마지막으로 구매한 운동복은 요가 수업을 위한 검은 레깅스 한 벌이었습니다. 온라인에서 샀습니다.

7   **Q.** Is it a good idea to buy an expensive item online? Why or why not?

온라인으로 값비싼 물건을 사는 것은 좋은 생각인가요? 그 이유는 무엇인가요?

    A. No, I don't think so. It's better to <u>pick out</u> an expensive item <u>in person</u>.

아니요, 그렇게 생각하지 않습니다. 비싼 물건은 직접 고르는 것이 좋습니다.

어휘   pick out 고르다 in person 직접

PART 3

PRACTICE

본책 p.89

1 **Q.** Which do you buy more often at vending machines: drinks or snacks? Why?

자판기에서 음료수나 간식 중에 무엇을 더 자주 삽니까? 그 이유는 무엇인가요?

   A. I buy drinks more often at vending machines. I <u>drink coffee or soda</u> more often than having snacks.

자판기에서 음료수를 더 자주 삽니다. 간식들보다 커피나 탄산음료를 더 자주 마십니다.

---

2 **Q.** When do you usually buy new clothes? Why?

주로 언제 새 옷을 사나요? 그 이유는 무엇인가요?

   A. I usually buy new clothes when I have <u>a job interview</u>. I want to make <u>a good impression</u>.

면접이 있을 때 주로 새 옷을 삽니다. 좋은 인상을 주고 싶어서요.

---

3 **Q.** If you were looking for a new apartment, would you like to visit the apartment in person before moving in? Why or why not?

새 아파트를 찾고 있다면, 이사 가기 전에 직접 아파트를 방문하시겠습니까? 그 이유는 무엇인가요?

   A. I'd like to visit the apartment in person before moving in because I need to <u>check it out</u>.

이사 전에 직접 아파트에 가보고 싶습니다, 왜냐하면 확인할 필요가 있기 때문입니다.

---

4 **Q.** Is a pleasant workspace important to you when considering a new job? Why?

새 직장을 고려할 때, 쾌적한 근무 공간이 중요합니까? 그 이유는 무엇인가요?

   A. <u>Yes, it is.</u> I have to work more than 8 hours every day. I think pleasant workplaces <u>make me work better</u>.

네, 그렇습니다. 매일 8시간 이상을 일해야 합니다. 쾌적한 근무 환경이 일을 더 잘하게 만들어 줍니다.

---

5 **Q.** Would you prefer to donate online using a home computer or by using a mobile phone to make a payment? Why?

집의 컴퓨터를 이용해 온라인으로 기부하고 싶습니까, 아니면 휴대전화를 이용하고 싶습니까? 그 이유는 무엇인가요?

   A. I would prefer to donate by using a mobile phone. I always <u>carry my mobile phone</u>, so it's convenient to use it.

휴대폰으로 기부하는 것을 선호합니다. 항상 휴대폰을 갖고 다니므로 휴대폰을 사용하는 것이 편리합니다.

어휘   donate 기부하다   make a payment 지불하다

---

6 **Q.** Do you think it is better for a book discussion club to meet at a coffee shop or a house? Why?

독서 토론 클럽이 카페에서 만나는 것이 더 나을까요 아니면 집이 나을까요? 그 이유는 무엇인가요?

A. I think it's better for a book discussion club to meet at a coffee shop, because it's a convenient place for people to get together.

독서 토론 클럽은 카페에서 만나는 것이 더 낫다고 생각합니다. 왜냐하면 사람들이 모이기에 편리한 장소이기 때문입니다.

어휘 get together 모이다, 만나다

---

7 **Q.** What forms of transportation do you usually use in your area? Why?

당신 지역에서는 어떤 형태의 대중교통을 이용합니까? 그 이유는 무엇인가요?

A. I usually use buses in my area because there is a bus stop near my house.

저희 지역에서는 버스들을 주로 이용합니다. 왜냐하면 저희 집 근처에 버스 정류장이 있기 때문입니다.

---

3 Question 7 답변 방식 익히기

PRACTICE

본책 p.91

1 **Q.** Do you prefer to play online games on your mobile phone or your laptop computer? Why?

온라인 게임을 휴대폰으로 하는 것을 선호하십니까, 노트북으로 하시는 것을 선호하십니까? 그 이유는 무엇인가요?

A. I like to play online games on my mobile phone. I always carry it, so I can play them whenever I want.

휴대폰으로 온라인 게임 하는 것을 좋아합니다. 항상 휴대폰을 가지고 다녀서 원하면 언제든지 할 수 있습니다.

---

2 **Q.** If a new coffee shop opened in your neighborhood, would you go there? Why?

동네에 새 커피숍이 생긴다면 가보겠습니까? 그 이유는 무엇인가요?

A. Yes, I would go there. I'd like to try new coffee drinks or food there and check out their service.

네, 가보겠습니다. 새로운 커피나 음식을 맛보고 싶고 그들의 서비스를 확인하고 싶습니다.

---

3 **Q.** Which of the following is the most important consideration for you when buying new sportswear? Why?
• Price • Design • Brand name

새로운 운동복을 살 때 다음 중 어느 것을 가장 고려하시나요? 그 이유는 무엇인가요?
• 가격 • 디자인 • 브랜드 이름

A. Brand name is the most important consideration for me. Brand-name products are better quality ones, so I can wear them for a long time.

브랜드 이름이 가장 중요한 고려 사항입니다. 브랜드 제품은 품질이 더 좋은 것들이어서 오랫동안 입을 수 있습니다.

4 **Q.** Do you think having photography skills is important for becoming popular on social media? Why or why not?

    A. Yes, I do. People prefer <u>pictures to stories</u>. Good pictures <u>attract more attention</u> from people.

어휘   attract 끌다 attention 주의, 관심

소셜미디어에서 인기가 있으려면 사진 기술을 갖는 것이 중요하다고 생각합니까? 그 이유는 무엇인가요?

네, 그렇습니다. 사람들은 이야기보다 사진을 더 좋아합니다. 좋은 사진은 사람들의 주의를 더 끕니다.

---

5 **Q.** What are the advantages of living in your area?

    A. One advantage is that <u>there are many parks</u> in my area. You can <u>take a walk</u> and get some fresh air <u>if you want</u>.

당신 지역에 사는 장점들은 무엇입니까?

장점 하나는 우리 지역에 공원이 많다는 것입니다.
원하면 산책을 갈 수 있고 신선한 공기를 마실 수 있습니다.

기출로 훈련하기

1 일상생활

STEP 1 본책 p.92

Imagine that a marketing firm is doing research in your country. You have agreed to participate in a telephone interview about cleaning your home.

마케팅 회사가 당신의 나라에서 조사를 하고 있다고 가정하세요. 당신은 집 청소에 관한 전화 인터뷰에 응하기로 했습니다.

Q5 Q. How often do you buy cleaning supplies, and when was the last time you bought them?

청소용품을 얼마나 자주 구입합니까? 마지막으로 청소용품을 산 것은 언제인가요?

A. I buy cleaning supplies <u>once or twice a year</u>. The last time I bought them was about <u>three months ago</u>. I bought a sponge mop and some soap.

일년에 한두 번 청소용품을 삽니다. 마지막으로 샀던 때는 약 3개월 전입니다. 스펀지 대걸레와 비누를 샀습니다.

Q6 Q. Where is the best place to buy cleaning supplies in your area, and why?

당신의 지역에서 청소용품을 사기에 가장 좋은 곳은 어디입니까? 그 이유는 무엇인가요?

A. The best place to buy cleaning supplies is <u>at the supermarket</u>, because there are <u>a lot of products</u> to choose from.

청소용품을 사기에 가장 좋은 장소는 슈퍼마켓입니다. 왜냐하면 선택할 수 있는 제품들이 많이 있기 때문입니다.

Q7 Q. What household cleaning task do you do the most often, and why?

집 청소 중 어떤 일을 가장 자주 합니까? 그 이유는 무엇인가요?

A. I clean <u>the bathroom</u> the most often. All of my family members use the same bathroom, and I want to <u>keep it clean</u>. I clean it about <u>three times a week</u>.

화장실을 가장 자주 청소합니다. 가족 모두가 같은 화장실을 사용하고, 그곳을 깨끗하게 유지하고 싶어서요. 일주일에 약 세 번 정도 청소합니다.

어휘   mop 대걸레 soap 비누 household 가정의 task 일, 업무

STEP 2 본책 p.93

Imagine that you are talking to a friend on the telephone. You are talking about cars.

당신이 친구와 전화 통화 중이라고 가정하세요. 차에 관해 이야기하고 있습니다.

Q5 Q. Would it be difficult to find a place to park a car in your area? Why or why not?

네가 사는 지역에서 주차할 장소를 찾기가 어려울까? 그 이유는 무엇이니?

A. Yes, it would be difficult. <u>I live in a big city and it's always very crowded with people and cars.</u>

응. 어려울 거야. 나는 큰 도시에서 사는데, 항상 많은 사람들과 차로 붐비거든.

Q6 Q. If I want to buy a car in your area, how do you think I should begin my search? Why?

A. I think you should begin your search on the Internet. You need to check prices, designs, and people's reviews.

내가 네가 사는 지역에서 차를 구입하고자 한다면 어떻게 검색을 시작해야 할까? 그 이유는 무엇이니?

인터넷에서 검색을 시작해야 한다고 생각해. 가격, 디자인, 사람들의 후기를 확인할 필요가 있거든.

Q7 Q. What factors do you think are important to consider when buying a car, and why?

A. I think the brand name is important to consider when you buy a car. You should know who makes the car. Personally, I prefer domestic car manufacturers, because they offer good customer service.

차를 구입할 때 고려해야 할 중요한 요인들은 무엇이라고 생각해? 그 이유는 무엇이니?

브랜드 이름이 차를 살 때 고려해야 할 중요한 요소라고 생각해. 누가 그 차를 만드는지 알아야지. 개인적으로, 나는 국산 자동차 제조업체를 선호해. 왜냐하면 좋은 고객 서비스를 제공하기 때문이야.

어휘   be crowded with ~으로 붐비다 review 후기, 평 domestic 국내의 manufacturer 제조사, 제조업체

2 전자기기 / 소셜미디어

STEP 1

본책 p.94

Imagine that a marketing firm is doing research in your country. You have agreed to participate in a telephone interview about your TV streaming habits.

마케팅 회사가 당신의 나라에서 조사를 하고 있다고 가정하세요. 당신은 TV 스트리밍 서비스 이용 패턴에 관한 전화 인터뷰에 응하기로 했습니다.

Q5 Q. Do you stream TV programs often? What kind of TV programs do you like to watch?

A. Yes, I stream TV programs almost daily. I like to watch comedy programs. They make me laugh.

당신은 TV 프로그램을 자주 스트리밍해서 보시나요? 어떤 종류의 TV 프로그램을 즐겨 보나요?

네, 저는 거의 매일 TV 프로그램을 스트리밍해서 봅니다. 코미디 프로그램 보는 것을 좋아해요. 그것들은 저를 웃게 만듭니다.

Q6 Q. When streaming TV programs, do you prefer to use a smartphone or a laptop computer? Why?

A. I use my smartphone to stream TV programs because I watch them on the subway.

TV 프로그램을 스트리밍 할 때, 휴대폰 사용을, 혹은 노트북 사용을 선호하나요? 그 이유는 무엇인가요?

저는 TV 프로그램 스트리밍을 하기 위해 휴대폰을 사용합니다. 왜냐하면 지하철에서 보기 때문입니다.

Q7

Q. When choosing a TV program to watch, which influences you more, reviews or advertisements? Why?

A. Reviews influence me more. I think reviews are <u>more honest</u> than advertisements. Advertisements always say a program is wonderful, but it isn't <u>always true</u>.

어휘   daily 매일   honest 정직한

TV 프로그램을 선택할 때, 후기와 광고 중에 무엇이 더 큰 영향을 주나요? 그 이유는 무엇인가요?

후기들이 더 큰 영향을 줍니다. 저는 후기들이 광고들보다 더 정직하다고 생각합니다. 광고들은 항상 프로그램이 멋지다고 말하지만, 항상 사실인 것은 아닙니다.

STEP 2

Imagine that an American marketing company is doing research in your area about advertising by text message. You have agreed to participate in a telephone interview about commercial advertisement messages.

미국 마케팅 회사가 당신의 지역에서 문자로 광고하는 것에 관해 조사를 하고 있다고 가정하세요. 당신은 광고 문자에 관한 전화 인터뷰에 응하기로 했습니다.

Q5

Q. How often do you send text messages in a typical day? To whom do you usually send them?

A. I send text messages <u>at least five times a day. I usually send them to my friends</u>.

평상시 하루에 얼마나 자주 문자를 보내십니까? 주로 누구에게 보내십니까?

하루에 적어도 5번은 문자를 보냅니다. 주로 친구들에게 보냅니다.

Q6

Q. When was the last time you received a commercial advertisement message? What kind of product or service was it advertising?

A. The last time I received a commercial advertisement message <u>was yesterday. An online clothing store was advertising their new products</u>.

광고 문자를 마지막으로 받은 것은 언제였습니까? 어떤 종류의 상품이나 서비스를 광고했습니까?

광고 문자를 마지막으로 받은 것은 어제였습니다. 온라인 옷 가게가 새 제품을 광고했습니다.

Q7

Q. Which do you think is a better way for companies to advertise their products and services: text messages or phone calls? Why?

A. I think text messages are better than phone calls. <u>People don't like to talk with salespeople on the phone. Also, companies can send discount coupons with text messages</u>.

어휘   commercial advertisement 상업 광고   typical day 평소

회사들이 제품이나 서비스를 광고할 때 문자로 하는 것이 나을까요, 아니면 전화로 하는 것이 나을까요? 그 이유는 무엇인가요?

문자가 전화보다 더 좋다고 생각합니다. 사람들은 영업사원들과 전화로 이야기하는 것을 좋아하지 않습니다. 또한, 회사는 문자로 할인 쿠폰을 보낼 수 있습니다.

3 편의시설/서비스

본책 p.96

STEP 1

Imagine that a marketing firm is doing research in your area. You have agreed to participate in a telephone interview about vending machines, which are machines that sell snacks and other products.

마케팅 회사가 당신의 지역에서 조사를 하고 있다고 가정하세요. 당신은 간식 및 기타 제품을 파는 자동판매기에 관한 전화 인터뷰에 응하기로 했습니다.

Q5

Q. How often do you make purchases at vending machines, and when was the last time you used one?

얼마나 자주 자동판매기에서 물건을 구입합니까? 마지막으로 이용한 것은 언제인가요?

A. I make purchases at vending machines <u>once or twice a week</u>. The last time I used one was last weekend.

일주일에 한두 번 자동판매기에서 구매합니다. 마지막으로 이용한 것은 지난 주말이었습니다.

Q6

Q. Do you think there should be more vending machines at your school or workplace? Why or why not?

학교 또는 직장에 자동판매기가 더 많이 있어야 한다고 생각합니까? 그 이유는 무엇인가요?

A. Yes, I think so. It is <u>more convenient</u> to use vending machines than <u>to go to stores</u>.

네, 그렇게 생각합니다. 상점에 가는 것보다 자동판매기를 사용하는 것이 더 편리합니다.

Q7

Q. Which of the following products would you be MOST likely to buy from a vending machine? Why?
• Healthy snacks • Coffee • Ice cream

다음 중 자동판매기에서 구입할 가능성이 가장 높은 제품은 무엇입니까? 그 이유는 무엇인가요?
• 건강에 좋은 간식 • 커피 • 아이스크림

A. I would be most likely to buy coffee from a vending machine. I drink coffee <u>almost every day</u>, so I would like to get that from a vending machine. I <u>hardly ever eat</u> healthy snacks or ice cream, so I would not buy them from a vending machine.

자동판매기에서 커피를 살 것 같습니다. 거의 매일 커피를 마시므로, 자동판매기에서 그것을 사고 싶습니다. 저는 건강 간식이나 아이스크림을 거의 먹지 않으므로 자동판매기에서 그것들을 사지 않을 것입니다.

어휘 make a purchase 구입하다 hardly ever 거의 ~하지 않다 healthy 건강에 좋은

본책 p.97

STEP 2

Imagine that someone wants to open a new bakery in your area. You have agreed to participate in a telephone interview about bakeries.

누군가 당신의 지역에서 새로 제과점을 열고 싶어한다고 가정하세요. 당신은 제과점에 관한 전화 인터뷰에 응하기로 했습니다.

Q5

Q. When was the last time you went to a bakery, and who did you go with?

마지막으로 제과점에 갔던 것은 언제입니까? 누구와 함께 갔나요?

A. The last time was <u>yesterday and I went there with my sister</u>.

마지막은 어제였고, 제 여동생과 갔습니다.

Q6 **Q.** What is your favorite item to buy at a bakery, and why?

A. My favorite item is chocolate chip cookies. They are delicious and the perfect dessert after meals.

당신이 제과점에서 가장 좋아하는 제품은 무엇입니까? 그 이유는 무엇인가요?

제가 제일 좋아하는 상품은 초콜릿 칩 쿠키입니다. 맛있고 완벽한 식후 디저트입니다.

Q7 **Q.** In addition to baked goods, which of the following would you most like a bakery to offer? Why?
• Toys for children to play with • Sandwiches
• Coffee and tea

A. I would like a bakery to also sell coffee. Coffee makes bread or cookies more delicious. Actually, my favorite bakery sells various coffee drinks and fruit juices with its baked goods.

다음 중 제과 제품 이외에 제과점에서 가장 팔았으면 하는 제품은 무엇입니까? 그 이유는 무엇인가요?
• 아이들이 가지고 놀 장난감 • 샌드위치
• 커피와 차

제과점에서 커피도 팔았으면 좋겠습니다. 커피는 빵과 쿠키를 더 맛있게 해줍니다. 실제로, 제가 좋아하는 빵집은 제과 제품과 함께 다양한 커피 음료와 과일 주스를 팔고 있습니다.

어휘 in addition to ~이외에도 goods 상품 various 다양한

4 학교/직장

STEP 1

본책 p.98

Imagine that a career center is doing research in your area. You have agreed to participate in a telephone interview about work and school.

취업센터가 당신의 지역에서 조사를 하고 있다고 가정하세요. 당신은 일과 학교에 관한 전화 인터뷰에 응하기로 했습니다.

Q5 **Q.** How many hours a day do you work or go to school, and on what days of the week?

A. I work for about 8 hours a day and I work from Monday to Friday.

하루 중 몇 시간이나 일을 하거나 학교에 갑니까? 또한 무슨 요일에 그렇게 합니까?

하루에 약 8시간을 일하고 월요일부터 금요일까지입니다.

Q6 **Q.** When did you last take a vacation, and how long did it last?

A. I took a vacation last month and it lasted a week. I visited my parents.

마지막으로 휴가를 냈던 것은 언제입니까? 그 기간은 얼마나 됐나요?

지난달에 휴가를 썼고 일주일이었습니다. 부모님 댁을 방문했습니다.

Q7   Q. Which of the following would be most important to you in a job, and why?
- Interesting tasks
- Short distance from work to home
- Opportunities to be promoted to higher positions

일에 있어, 다음 중 당신에게 가장 중요한 것은 무엇입니까? 그 이유는 무엇인가요?
- 흥미로운 업무
- 짧은 통근 거리
- 더 높은 직책으로 승진할 기회

   A. A short distance from work to home would be most important to me. I wouldn't have to <u>spend much time</u> getting to work. So, I could <u>save time</u> and sleep more every morning.

짧은 통근 거리가 제게는 가장 중요합니다. 회사에 가느라 많은 시간을 소비하지 않아도 됩니다. 그러면 매일 아침 시간을 절약하고 잠을 더 잘 수 있습니다.

어휘   last 마지막으로; 지속되다   distance 거리   opportunity 기회   save time 시간을 절약하다

STEP 2 본책 p.99

Imagine that you are talking to a friend on the telephone. You are talking about a cafeteria at your work or school.

당신이 친구와 전화 통화 중이라고 가정하세요. 당신의 직장이나 학교의 구내식당에 관해 이야기하고 있습니다.

Q5   Q. When did you last eat at a cafeteria at work or school? What did you eat?

언제 마지막으로 직장이나 학교 구내식당에서 식사를 했나요? 무엇을 먹었나요?

   A. I last ate <u>at a school cafeteria last week. I ate pizza and spaghetti.</u>

지난주에 마지막으로 학교 구내식당에서 먹었습니다. 피자와 스파게티를 먹었습니다.

Q6   Q. Which would you prefer to eat at your work or school cafeteria, breakfast or lunch? Why?

회사나 학교 구내식당에서 아침이나 점심 중에 어느 것을 먹기를 선호하나요? 그 이유는 무엇인가요?

   A. I'd prefer <u>lunch. They have more menu options for lunch.</u>

점심 먹는 것을 선호합니다. 점심에는 메뉴가 더 많습니다.

Q7   Q. Describe what you like best about a cafeteria at your work or school.

직장이나 학교의 구내식당에 대해 가장 좋아하는 점에 대해 설명하세요.

   A. What I like best about my school cafeteria is that it offers <u>diverse menu options. I like to try new and different foods. Plus, the cafeteria is inexpensive, so I can try the new foods for a low price.</u>

학교 구내식당에 대해 제가 가장 좋아하는 점은 다양한 메뉴를 제공한다는 것입니다. 저는 새롭고 다른 음식들을 먹어보는 것을 좋아합니다. 게다가 구내식당은 저렴해서 새로운 음식들을 저렴한 가격에 먹을 수 있습니다.

어휘   diverse 다양한   inexpensive 저렴한

ACTUAL TEST

1

> Imagine that a U.S. marketing firm is doing research in your country. You have agreed to participate in a telephone interview about laptop computers.
>
> 미국 마케팅 회사가 당신의 나라에서 조사를 하고 있다고 가정하세요. 당신은 노트북에 관한 전화 인터뷰에 응하기로 했습니다.

Q5 **Q.** How many different computers do you use, and where do you use them?

당신은 컴퓨터 몇 대를 사용하고 있고, 어디서 그것들을 사용합니까?

A. I use two computers. I use my laptop computer at home and a desktop computer at work.

저는 두 대의 컴퓨터를 사용합니다. 집에서는 노트북을 사용하고, 직장에서는 컴퓨터를 사용합니다.

Q6 **Q.** Do most people you know prefer to use laptop computers or desktop computers? Why?

당신이 아는 사람들 대부분이 노트북 사용을 선호합니까, 아니면 컴퓨터 사용을 선호합니까? 그 이유는 무엇인가요?

A. Most people I know prefer to use laptop computers, because they are easy to carry and take up less space.

제가 아는 대부분의 사람들은 노트북 사용을 선호합니다. 왜냐하면 노트북은 가지고 다니기 쉽고, 공간을 덜 차지하기 때문입니다.

Q7 **Q.** Do you use a laptop computer more or less often than you did five years ago? Why?

당신은 현재 5년 전보다 노트북을 더 자주 사용합니까, 혹은 덜 자주 사용합니까? 그 이유는 무엇인가요?

A. I think I use a laptop computer more often than I did five years ago. Five years ago, I used to only work on a computer in my office, but now I work on my laptop at home or in a café more often.

5년 전보다는 노트북을 더 자주 사용하는 것 같습니다. 5년 전에는 사무실에서 컴퓨터로만 일했지만, 지금은 집이나 카페에서 노트북으로 더 자주 일합니다.

어휘 take up space 자리를 차지하다 used to (한때) ~했다

PART 3

2

Imagine that a travel magazine is doing research in your area. You have agreed to participate in a telephone interview about visiting other countries.

여행 잡지가 당신의 지역에서 조사를 하고 있다고 가정하세요. 당신은 외국 방문에 관한 전화 인터뷰에 응하기로 했습니다.

Q5

Q. Have you ever traveled to a foreign country? Why or why not?

외국으로 여행을 가본 적이 있습니까? 그 이유는 무엇인가요?

A. Yes, I have traveled to some foreign countries. I like to visit foreign countries to learn about different cultures.

네, 외국 여행을 가본 적이 있습니다. 저는 다양한 문화를 배우기 위해 외국 여행 하는 것을 좋아합니다.

Q6

Q. What is one foreign country you would like to visit in the future, and why?

앞으로 방문해 보고 싶은 외국은 어디이며, 그 이유는 무엇인가요?

A. I would like to visit England. I'm a big soccer fan, and I'd like to go to a stadium there to watch a soccer game.

영국에 가보고 싶습니다. 제가 축구 열혈 팬이라서 축구 경기를 보기 위해 그곳의 경기장을 가보고 싶습니다.

Q7

Q. If you traveled to another country, how much time would you prefer to spend there? Why?

다른 나라로 여행을 간다면 거기에서 얼마나 시간을 보내고 싶습니까? 그 이유는 무엇인가요?

A. I would prefer to spend two weeks in another country. I would get homesick if I stayed longer than that.

다른 나라에서 2주간 시간을 보내고 싶습니다. 그 이상 있으면 향수병이 생길 것입니다.

어휘   big fan 열혈팬   stadium 경기장, 구장

Respond to questions using information provided (Q8-10)

기초 다지기

PRACTICE 본책 p.110

1 The workshop will be held in Room 501 on the fifth floor.

2 The conference will start at noon on May 2.

3 You will meet Mr. McNulty at Madison's restaurant on Piccaddily Avenue.

PRACTICE 본책 p.111

1 Your interview will take place on May 23.
                                      May twenty-third

2 The center is at 105 Holland St.
                    one oh five

3 The lunch break is from 12 to 1:20.
                          twelve one twenty

4 The fee is 50 dollars.
               fifty

5 He worked at Royal Bank in 2017.
                              two thousand seventeen

전략 파악하기

2 질문 잘 듣기

PRACTICE 본책 p.113

1 What is the address of the community center, and on what date do classes begin?
   주민센터 주소가 무엇인가요, 그리고 수업은 며칠에 시작하나요?

2 How much does it cost to take a class? 수업 하나 듣는 비용이 얼마인가요?

3 What is my first activity in the morning, and what time will it start?
   저의 오전 첫 활동은 무엇이고, 몇 시에 시작하나요?

4 I'm interested in the "Water Exercise" class. That's on Wednesdays, right?
   수중 운동 수업에 관심 있습니다. 수요일이 맞지요?

5 I heard that the price to take a class is $125. Is that correct? 수업료가 125달러라고 들었습니다. 맞습니까?

6 Could you give me all the details of any classes that begin after 5:00 P.M.?
   오후 5시 이후에 시작되는 수업에 대해 자세히 설명해 주실 수 있습니까?

7 Could you tell me about the sessions that Rebecca Stern is leading?
   레베카 스턴 씨가 이끄는 세션에 관해 말씀해 주실 수 있습니까?

PRACTICE

본책 p.115

1

푸드타운 스토어 직원 회의
회의실, 5월 21일

8:30-9:00	재정상황 업데이트	카미 길모어, 회계부장
9:00-9:30	환불 정책 검토	제이슨 푼, 고객센터 부장
9:30-10:00	신규 매장	매튜 브루베이커, 선임 부장
	그린필드 플라자 (개장일: 6월 1일)	
	메이우드 몰 (개장일: 6월 22일)	
10:00-10:30	새로운 배송 소프트웨어 (다음 주 출시 예정)	토드 갤로, 배송부장

Q. Who is going to give the finance update? And what time will it begin?

누가 재정상황 업데이트를 해주실 예정입니까? 그리고 몇 시에 시작됩니까?

A. Carmi Gilmore, the accounting manager, will give the finance update at 8:30.

회계부장 카미 길모어 씨가 8시 30분에 재정상황 업데이트를 해주실 겁니다.

2

전국 조명 컨퍼런스
더 하이니스 컨벤션 센터
11월 13일

9:00-10:00	개회사	조든 오스본, NLA 회장
10:00-11:00	전문가 토론: 조명 디자인	
11:00-12:00	워크숍: 조명 교육	제레미 존스, 인테리어 디자이너
12:00-1:00	뷔페 점심	하이니스 식당 (2층)
1:00-2:00	워크숍: 최신 조명 제품들	알렉스 블랑코, 건축가
2:00-3:00	그룹 토론: 관계망 형성 기회	

Q. What time does the conference begin, and what is the first thing on the schedule?

회의는 몇 시에 시작하고, 일정에서 처음 행사는 무엇입니까?

A. It will begin at 9 A.M., and the first session is the opening speech given by Jordon Osborn, the NLA president, from 9 to 10.

회의는 오전 9시에 시작하며, 첫 행사는 9시부터 10시까지 NLA 회장, 조든 오스본 씨가 진행하는 개회사입니다.

PRACTICE

본책 p.117

1

푸드타운 스토어 직원 회의
회의실, 5월 21일

8:30–9:00	재정상황 업데이트	카미 길모어, 회계부장
9:00–9:30	환불 정책 리뷰	제이슨 폰, 고객센터 부장
9:30–10:00	신규 매장	매튜 브루베이커, 선임 부장
	그린필드 플라자 (개장일: 6월 1일)	
	메이우드 몰 (개장일: 6월 22일)	
10:00–10:30	새로운 배송 소프트웨어	토드 갤로, 배송부장
	(다음 주 출시 예정)	

Q. The new delivery software will be released this week after the meeting, right?

새로운 배송 소프트웨어는 회의 후 이번 주에 출시되는 것 맞습니까?

A. Actually, the new delivery software will be released next week.

실은, 새로운 배송 소프트웨어는 다음 주에 출시될 것입니다.

2

전국 조명 컨퍼런스
더 하이니스 컨벤션 센터
11월 13일

9:00–10:00	개회사	조든 오스본, NLA 회장
10:00–11:00	전문가 토론: 조명 디자인	
11:00–12:00	워크숍: 조명 교육	제레미 존스, 인테리어 디자이너
12:00–1:00	뷔페 점심	하이니스 식당 (2층)
1:00–2:00	워크숍: 최신 조명 제품들	알렉스 블랑코, 건축가
2:00–3:00	그룹 토론: 관계망 형성 기회	

Q. I think the "Newest Lighting Products" workshop starts right before lunch. Can you check on that for me?

"최신 조명 제품들" 워크숍이 점심 바로 직전에 시작하는 것 같은데요. 저를 위해 확인해 주실 수 있나요?

A. Actually, the "Newest Lighting Products" workshop will start after lunch, at 1. It will be led by Alex Blanco, an architect.

실은, "최신 조명 제품들" 워크숍은 점심 후 1시에 시작합니다. 건축가 알렉스 블랑코 씨에 의해 진행됩니다.

PRACTICE

본책 p.119

1

푸드타운 스토어 직원 회의
회의실, 5월 21일

8:30–9:00	재정상황 업데이트	카미 길모어, 회계부장
9:00–9:30	환불 정책 리뷰	제이슨 푼, 고객센터 부장
9:30–10:00	신규 매장	매튜 브루베이커, 선임 부장
	그린필드 플라자 (개장일: 6월 1일)	
	메이우드 몰 (개장일: 6월 22일)	
10:00–10:30	새로운 배송 소프트웨어 (다음 주 출시 예정)	토드 갤로, 배송부장

Q. I would like to know more about the presentation on the <u>new store locations</u>. Can you tell me about it in detail?

신규 매장 관련 발표에 관해서 더 알고 싶습니다. 그것에 대해 자세히 말씀해주실 수 있습니까?

A. Sure. The session on new locations <u>will be led by</u> Matthew Brewbaker, the head manager, from 9:30 to 10. One location is <u>at Greenfield Plaza</u>, and its grand opening is <u>on June 1st</u>. <u>The other one is</u> at Maywood Mall, and <u>its grand opening is</u> on June 22nd.

물론이지요. 신규 매장에 관한 행사는 9시 30분부터 10시까지 선임 부장 매튜 브루베이커 씨가 진행하십니다. 한 매장은 그린필드 플라자에 있고 개장일은 6월 1일입니다. 또 다른 매장은 메이우드 몰에 있고, 개장일은 6월 22일입니다.

2

전국 조명 컨퍼런스
더 하이니스 컨벤션 센터
11월 13일

9:00–10:00	개회사	조든 오스본, NLA 회장
10:00–11:00	전문가 토론: 조명 디자인	
11:00–12:00	워크숍: 조명 교육	제레미 존스, 인테리어 디자이너
12:00–1:00	뷔페 점심	하이니스 식당 (2층)
1:00–2:00	워크숍: 최신 조명 제품들	알렉스 블랑코, 건축가
2:00–3:00	그룹 토론: 관계망 형성 기회	

Q. Are there any <u>discussions</u> during this conference? If so, could you tell me about all <u>discussions</u> in detail?

이 컨퍼런스 동안 토론이 있습니까? 있다면, 모든 토론에 대해 자세히 말씀해 주실 수 있습니까?

A. Sure. There are <u>two discussions</u>. <u>The first one is</u> the "Panel Discussion on Luminaire Designs" from 10 to 11 A.M. <u>The other one is</u> the "Group Discussion on Networking Opportunities" from 2 to 3 P.M.

물론이지요. 두 개의 토론이 있습니다. 첫 번째는 오전 10시부터 11시까지 진행되는 "조명 디자인에 관한 전문가 토론"입니다. 다른 하나는 "관계망 형성 기회에 관한 그룹 토론"으로, 오후 2시부터 3시까지 있습니다.

1 회의/ 행사 일정

STEP 1

본책 p.120

출판협회 - 연례 회의
10월 24일 로얄 오크 컨퍼런스 센터

오전 9:30–10:15	회장 환영사 (협회장, 베스 그린)
오전 10:30–11:45	발표: 소설가들과 함께 일하기 (밀스톤 출판사, 밍 리)
오후 12:00–1:15	점심 시간
오후 1:30–2:45	발표: 교재와 안내서 출판 (밀스톤 출판사, 채드 브랜틀리)
오후 3:00–3:15	휴식 시간
오후 3:30–5:00	워크숍: 마케팅 조언 및 요령 (애즈버리 코퍼레이션, 알렉스 실바)

어휘　publishing 출판　association 협회　annual 연례의　conference 회의　president 회장　fiction 소설　author 작가, 저자　break 휴식　textbook 교과서　manual 설명서　trick 요령

Hi. I'm interested in attending the upcoming publishing conference. I'd like to know some details.

안녕하세요. 곧 있을 출판 회의에 참석할 의향이 있습니다. 세부 사항을 알고 싶습니다.

Q8

Q. What is the first thing on the agenda, and what time does it start?

의사일정의 첫 번째 행사는 무엇이며, 몇 시에 시작합니까?

A. The first thing is the "President's Welcome." It will be given by Beth Green, the association president. It will start at 9:30.

첫 번째 행사는 협회장 베스 그린 씨의 환영사입니다. 9시 30분에 시작합니다.

Q9

Q. I'm really interested in the workshop Alex Silva will present. That workshop will be about electronic publications, right?

저는 알렉사 실바가 진행할 워크숍에 큰 관심이 있습니다. 그 워크숍은 전자 출판에 관한 내용이죠, 그렇죠?

A. Actually, Alex Silva's workshop will be about marketing.

실은, 알렉스 실바의 워크숍은 마케팅에 관한 것입니다.

Q10 Q. I used to work for Millstone Publishers, so I'd like to attend the presentations by their staff. Can you give me all of the details for those presentations?

저는 예전에 밀스톤 출판사에서 일했어요. 그래서 직원들의 발표에 참석하고 싶습니다. 해당 발표에 관한 세부 사항을 모두 알려주실 수 있나요?

A. Sure, there are two presentations led by people from Millstone Publishers. The first one is "Working with Fiction Authors", led by Ming Li from 10:30 to 11:45. The other one is "Publishing Textbooks and Manuals," led by Chad Brantley from 1:30 to 2:45.

물론이지요. 밀스톤 출판사에서 오신 분들이 진행하는 발표가 두 개 있습니다. 첫 번째는 10시 30분부터 11시 45분까지 진행되는 밍 리 씨의 '소설가들과 함께 일하기'입니다. 다른 하나는 1시 30분부터 2시 45분까지 채드 브랜틀리 씨가 이끄는 '교재와 안내서 출판'입니다.

어휘 be interested in ~에 관심이 있다 upcoming 다가오는, 곧 있을 agenda 안건, 의사일정 present 진행하다 electronic 전자의 publication 출판, 발행 used to (한때) ~했다 attend 참석하다

STEP 2

본책 p.121

사쿠라 레스토랑
7월 독실 예약

날짜	시간	행사	비고
7월 3일	오후 5시-7시	축구팀 파티	
7월 7일	오후 3시-5시	퇴임 기념 파티	채식 메뉴 제공
7월 12일	오후 7시-10시	론드 컴퍼니 회식	
7월 19일	오후 7시-9시	고등학교 졸업 기념 파티	
7월 22일	오후 2시-5시	생일 파티	초콜릿 케이크 요청됨
7월 29일	오후 5시-8시	매티스 가족 모임	
7월 31일	오후 6시-10시	그린 기념일 파티	

어휘 reservation 예약 occasion 행사 retirement 은퇴, 퇴임 provide 제공하다 vegetarian 채식주의자 graduation 졸업 request 요청하다 get-together 모임 anniversary 기념일

Hello, this is Wayne Jefferson, one of the restaurant managers. I lost my schedule for July and wanted to double-check some of the private room reservations.

안녕하세요, 레스토랑 매니저인 웨인 제퍼슨입니다. 제 7월 일정표를 잃어버려서 독실 예약건 일부를 다시 확인하고 싶어요.

Q8 Q. What is the date of the first event, and what kind of event is it?

첫 번째 행사가 있는 날짜는 언제이며, 어떤 종류의 행사입니까?

A. The first event is a soccer team party on July 3rd.

첫 행사는 7월 3일 축구팀 파티입니다.

Q9 Q. I remember that there's a high school graduation on July 19th. The high school graduation party starts at 5:00 P.M., doesn't it?

7월 19일에 고등학교 졸업식이 있는 것으로 기억하는데요. 고등학교 졸업 기념 파티는 오후 5시에 시작하죠, 그렇죠?

A. No, the high school graduation party will start at 7 P.M.

아니요, 고등학교 졸업식 파티는 오후 7시에 시작됩니다.

Q10

Q. I need to make sure we have enough staff on days when there are <u>afternoon events</u>. Can you give me all the details of events that begin <u>before 5:00</u>?

A. OK, we have <u>two events before 5 P.M.</u>
The first one <u>is a retirement party from 3 to 5 on July 7th.</u>
<u>We must provide vegetarian options for it.</u>
<u>The other one is a birthday party from 2 to 5 on July</u>
<u>22nd. A chocolate cake was requested for it.</u>

오후 행사가 있는 날에는 충분한 직원을 확보해야 합니다. 5시 이전에 시작되는 행사에 관한 세부 사항을 모두 알려 주시겠어요?

물론이죠. 5시 전에 두 가지 행사가 있습니다. 첫 번째는 7월 7일 3시부터 5시까지 진행되는 퇴임 기념 파티입니다. 채식 메뉴를 제공해야 합니다. 다른 하나는 7월 22일 2시부터 5시까지 진행되는 생일 파티입니다. 초콜릿 케이크가 요청되었습니다.

어휘   double-check 다시 확인하다, 재확인하다   make sure 확실하게 하다   enough 충분한

2 강의/프로그램

STEP 1   본책 p.122

강좌	요일	시간
예쁜 디저트: 케이크와 파이	매주 월요일	오후 7:00-9:00
맛있는 채소	매주 화요일	오후 6:00-8:00
일상 구이 요리	매주 수요일	오후 6:00-8:00
건강한 가정 요리	매주 목요일	오후 5:00-7:00
간단한 디저트: 케이크와 파이	매주 금요일	오후 6:00-8:00
풍미 있는 곁들임 요리	매주 토요일	오후 2:00-4:00

태미의 요리 학교: 겨울철 요리 강좌
강좌 일자: 12월 5일–1월 30일
등록 마감일자: 11월 25일

어휘   culinary 요리의, 음식의   registration 등록   deadline 기한, 마감 일자   vegetable 채소   grill 구이   savory 풍미 있는, 맛있는

Hi. I'm interested in signing up for a cooking course at your culinary school. I was hoping I could get some more information.

안녕하세요. 요리 학교의 요리 강좌를 신청할 의향이 있습니다. 더 자세한 정보를 얻고 싶었어요.

Q8

Q. What day of the week is the Everyday Grilling course, and what time does it begin?

A. It is <u>on Wednesdays</u> and it begins <u>at 6 P.M.</u>

일상 구이 요리 강좌는 무슨 요일에 진행되며, 몇 시에 시작하나요?

수요일이고, 오후 6시에 시작합니다.

Q9

Q. I can register for courses until December 1st, right?

A. <u>That's incorrect.</u> The registration deadline is <u>November</u>
<u>25th.</u>

12월 1일까지 강좌에 등록할 수 있죠, 그렇죠?

틀립니다. 등록 마감일은 11월 25일입니다.

Q10

Q. I'm really interested in making desserts. Could you give me all the information about the courses that deal with making cakes and pies?

A. Sure, there are two courses on making cakes and pies. There is one class called "Beautiful Desserts: Cakes and Pies", on Mondays from 7 to 9 P.M.
And there is another one called "Simple Desserts: Cakes and Pies", on Fridays from 6 to 8 P.M.

저는 디저트 만드는 데 관심이 아주 많아요. 케이크와 파이 만들기를 다루는 강좌들에 대한 정보를 모두 알려 주시겠어요?

물론이지요. 케이크와 파이 만들기 관련 강좌가 두 개 있습니다. 하나는 "예쁜 디저트, 케이크와 파이"라는 수업으로 월요일 오후 7시부터 9시까지입니다. 그리고 다른 하나는 "간단한 디저트, 케이크와 파이"라는 수업으로 금요일 오후 6시부터 8시까지입니다.

어휘   sign up for ~에 등록하다(= register for)   deal with 다루다

STEP 2

본책 p.123

식음료 취미 교실
사우스 센터럴 주민센터, 3월 3일-3월 7일

날짜	시간	수업	레벨	강사
3월 3일, 월	오전 9:00 -11:00	빵 만들기	중급	데이비드 해링
3월 4일, 화	오전 9:00 -11:00	전자레인지 요리	초급	셸리 존슨
3월 5일, 수	오전 10:00 -오후 12:00	치즈 만들기	고급	에드 솔로몬
3월 6일, 목	오후 1:00 -3:00	와인 만들기	고급	멜라니 존스
3월 7일, 금	오전 10:00 -오후 12:00	수제 맥주 만들기	초급	알렉스 위빙

비용: 20달러/수업당

어휘   beverage 음료   microwave 전자레인지   brewing 양조   intermediate 중급의   advanced 고급의

Hello, I recently found out that you're going to hold classes on food and beverage hobbies. However, I don't have detailed information about them. Can you answer a few questions that I have regarding the classes?

안녕하세요. 최근에 식음료 관련 취미반을 연다는 것을 알게 됐습니다. 그러나 자세한 정보를 갖고 있지 않습니다. 그 수업들에 관한 질문에 답변해 주실 수 있습니까?

 Q8

Q. What date is the class on bread making, and who is teaching it?

A. The class on bread making is on Monday, March 3rd. David Haring is teaching it.

제빵 수업은 며칠이고, 누가 수업을 가르치십니까?

제빵 수업은 3월 3일 월요일입니다. 데이비드 해링 씨가 가르치십니다.

Q9

Q. I heard that all the classes are in the morning. Can you confirm that for me?

A. Actually, the class on wine making is from 1 to 3 in the afternoon on Thursday, March 6th. The other classes are all in the morning.

제가 듣기로는 모든 수업이 오전에 있다고 했습니다. 확인해 주실 수 있습니까?

실은, 와인 만들기 수업은 3월 6일 목요일 오후 1시부터 3시까지 있습니다. 그 외에 다른 수업들은 모두 오전에 있습니다.

Q. I don't have <u>much skill</u> in this area. Can you tell me all the details about any classes at <u>the beginner level</u>?

A. Sure. There are <u>two classes for beginners.</u> The first one is "Microwave Cooking," led by Shelly Johnson on Tuesday, March 4th from 9 to 11 A.M. The other one is "Home Brewing," led by Alex Weaving on Friday, March 7th from 10 to 12.

저는 이 분야에 그닥 재능이 없습니다. 초보자 수준의 수업에 대해 자세히 말씀해 주실 수 있을까요?

물론이지요. 초보자를 위한 수업이 두 개 있습니다. 첫 번째로, 셸리 존슨 씨에 의해 진행되는 전자레인지 요리 수업이 3월 4일 화요일 오전 9시부터 11시까지 있습니다. 다른 하나는 알렉스 위빙 씨에 의해 진행되는 수제 맥주 만들기 수업으로, 3월 7일 금요일 오전 10시부터 12시까지입니다.

어휘 detailed 상세한 regarding ~에 관해 be good at ~을 잘하다

3 출장 / 개인 일정

STEP 1

본책 p.124

프레데릭 H. 바우어의 출장 일정	
항공편 정보:	
출발: 시카고 블루 항공 424편, 45A 좌석	4월 9일 오전 10:15
노선: 1회 경유 (타코마 공항)	
도착: 에드먼튼	4월 9일 오후 9:30
출발: 에드먼튼 밸류 항공 553편, 30E 좌석	4월 16일 오전 8:00
노선: 직항편	
도착: 시카고	4월 16일 오전 11:15
캘거리 당일 여행:	4월 14일
목적: 캘거리 공장 시찰	
도착: 오전 8:15 캘거리	
복귀: 에드먼튼 오후 6:30	

어휘 flight 비행, 항공편 information 정보 depart 출발하다 route 노선 arrive 도착하다 nonstop flight 직항 항공편 day trip 당일 여행 purpose 목적, 의도 inspect 점검하다

Hello, this is Mr. Bower. I'm calling to confirm some details for my upcoming trip to Canada.

안녕하세요, 저는 바우어입니다. 곧 있을 캐나다 출장에 관한 세부 사항을 확인하려고 전화 드립니다.

Q8 **Q.** When does my flight on April 16th depart from Edmonton, and what seat will I be in?

4월 16일에 제가 탈 항공편은 에드먼튼에서 언제 출발합니까? 저는 어느 좌석에 앉게 되나요?

A. You will depart from Edmonton <u>at 8 A.M on April 16th.</u> Your seat number <u>is 30E.</u>

4월 16일 오전 8시에 에드먼튼에서 출발하십니다. 좌석번호는 30E입니다.

Q9

Q. I was hoping to have a direct flight with no stops from Chicago to Edmonton. There are no stops on that flight, right?

저는 시카고에서 에드먼튼까지 경유 없이 직항편을 탔으면 합니다. 그 항공편엔 경유가 없는 거죠, 그렇죠?

A. Actually, there is one stop. You will stop at Tacoma Airport.

실은, 한 번 경유가 있습니다. 타코마 공항에서 경유합니다.

Q10

Q. I know I'm taking a day trip to Calgary. Just so I'm sure about the details, can you tell me everything about my day trip on April 14?

제가 캘거리로 당일 출장을 가는 것으로 알고 있습니다. 세부 사항에 대해 확실히 알 수 있도록 4월 14일 당일 출장에 관한 내용을 모두 말씀해 주실 수 있나요?

A. Sure, you need to inspect the Calgary factory on April 14th. You will arrive in Calgary at 8:15 A.M. And you will return to Edmonton at 6:30 P.M.

물론이지요. 당신은 4월 14일 캘거리 공장을 시찰하셔야 합니다. 우선, 오전 8시 15분에 캘거리에 도착하십니다. 그리고 오후 6시 30분에 에드먼튼으로 돌아오시게 됩니다.

어휘 seat 좌석 direct flight 직항 항공편

루카스 아놀드, 간호사 관리자
모리스 커뮤니티 헬스 클리닉
11월 12일 화요일 일정

오전 8:00–9:00	회의: 정보통신 기술부
	주제: 재고 추적 소프트웨어
오전 9:00–10:00	사무: 병원 설명서 제3장 업데이트
오전 10:00–11:00	사무: 직원 성과 검토
오전 11:00–오후 12:00	신입 직원들과 점심 식사
~~오후 12:30–1:30~~	~~간호직 면접 (지원자: 웬 라)~~
	11월 15일까지 연기
오후 2:30–4:00	회의: 병원 관리진
	주제: 예산 기획

어휘 information technology 정보통신 기술 office work 사무 manual 설명서 performance 성과 employee 직원 postpone 미루다, 연기하다 administration 관리(진), 행정 budget 예산

Hi. This is Lucas Arnold. I seemed to have misplaced my schedule for tomorrow. I was hoping you'd answer some questions about it.

안녕하세요, 저는 루카스 아놀드입니다. 내일 일정표를 잘못 놔둬서 잃어버린 것 같아요. 관련 질문에 답변 부탁드립니다.

Q8

Q. I know that I've scheduled time to work on updating the clinic manual. Can you tell me when I'll be updating the manual and which chapter I'll be working on?

제가 병원 설명서 업데이트 업무를 해야 하는 걸로 압니다. 언제 설명서를 업데이트해야 하는지, 어떤 장을 업데이트해야 하는지 말씀해 주시겠어요?

A. You will update Chapter 3 of the clinic manual from 9 A.M to 10 A.M.

당신은 오전 9시부터 10시까지 병원 설명서 제3장을 업데이트하실 겁니다.

Q9 Q. I have an interview scheduled tomorrow with a candidate for a nursing position. What time will that interview be held?

A. Actually, the interview for a nursing position was postponed until November 15th.

내일로 예정된 간호직 지원자 면접이 있는데요. 면접이 몇 시에 진행될까요?

실은, 간호직 면접은 11월 15일로 연기되었습니다.

Q10 Q. I know that I have a couple of meetings, and I want to be prepared for them. Could you give me all the details about any meetings on my schedule?

A. Sure. There are two meetings on your schedule. The first one is with the information technology department from 8 to 9. The topic is the inventory-tracking software. The other one is with the clinic administration from 2:30 to 4. The topic is budget planning.

회의 두 건이 있는 것으로 압니다. 회의 준비를 하고 싶어요. 제 일정에 있는 회의들에 대한 세부 사항을 모두 알려 주실래요?

물론이지요. 일정상 두 개의 회의가 있습니다. 첫 번째는 8시부터 9시까지 정보기술부와 하는 회의입니다. 주제는 재고 추적 소프트웨어입니다. 다른 하나는 2시 30분부터 4시까지 병원 관리진과 하는 회의입니다. 주제는 예산 기획입니다.

어휘   misplace 제자리에 두지 않아서 찾지 못하다   candidate 지원자   position 직위, 직급   a couple of 둘의   prepare 준비하다

4   이력서 / 인터뷰

아처 호텔
면접 일정, 8월 11일

시간	지원자	직위	현 고용주
오후 1:00-1:30	에이든 마랄	마케팅 이사	딜라이트 호텔
오후 1:30-2:00	다이앤 파지	객실부장	버닉 호텔
오후 2:30-3:00	칼 복	식음료부장	퍼거슨 호텔
~~오후 3:00-3:30~~	올라바에 갠즈	객실부장 ~~취소~~	~~씨포트 리조트~~
오후 3:30-4:00	로드니 콜	예약부장	퍼거슨 호텔

어휘   candidate 지원자   head 우두머리, 지도자   housekeeper 호텔 객실 청소 책임자

Hello, I am interviewing several candidates for open positions at the hotel. I received the interview schedule by e-mail, but I accidentally deleted it. May I ask you a few questions regarding the schedule?

안녕하세요. 호텔 공석에 지원한 몇몇 지원자들을 면접할 예정입니다. 면접 일정을 이메일로 받았지만, 실수로 삭제해버렸습니다. 일정에 관해 몇 가지 질문해도 될까요?

Q8 Q. What time is the first interview and who will be the first candidate to be interviewed?

A. The first interview is at 1 P.M. The first candidate is Aiden Maral for the marketing director position. He works at the Delight Hotel.

첫 번째 면접은 몇 시이고, 처음 면접할 지원자는 누구입니까?

첫 면접은 오후 1시입니다. 첫 면접자는 마케팅 이사직에 지원한 에이든 마랄 씨입니다. 그는 딜라이트 호텔에서 일하고 있습니다.

Q9

Q. I was told that we are going to interview two people for the head housekeeper position that day. Is this correct?

A. Actually, one of those interviews <u>was canceled</u>. <u>The other one</u> is with Diane Farge from the Bernic Hotel at 1:30.

그날 객실부장직에 두 사람을 면접한다고 들었습니다. 맞습니까?

실은, 그 면접들 중 하나가 취소되었습니다. 다른 면접은 버닉 호텔 출신의 다이앤 파지 씨와 1시 30분입니다.

Q10

Q. Some of our current employees used to work at Ferguson Hotel and they have been very good. So I would like to hire more people from there. Are any former Ferguson Hotel workers scheduled to be interviewed?

A. Yes, there are <u>two candidates</u> from Ferguson Hotel. The first one is Karl Bock, <u>applying for the food & beverage manager position</u>. His interview is from 2:30 to 3:00. The other one is Rodney Cole, applying for the reservation manager position. <u>His interview is from 3:30 to 4:00.</u>

현재 우리 직원들 중 몇 명이 예전에 퍼거슨 호텔에서 일했는데, 일을 아주 잘하고 있습니다. 그래서 그곳 출신 사람들을 더 고용하고 싶은데요. 퍼거슨 호텔 직원이었던 사람들 중에 면접 예정인 분이 있습니까?

네, 퍼거슨 호텔 출신인 지원자가 두 명 있습니다. 첫 번째 분은 식음료부장직에 지원한 칼 복 씨입니다. 그와의 면접은 2시 30분부터 3시까지입니다. 다른 한 분은 예약부장직에 지원한 로드니 콜 씨입니다. 그와의 면접은 3시 30분부터 4시까지입니다.

어휘　accidentally 우연히　delete 삭제하다　current 현재의　former 이전의

STEP 2　　본책 p.127

리타 윌리엄스
rwilliams0220@tmail.com (601)555-1106

지원 직급	제과 쉐프
교육 & 자격증	- 조리학 학사, 애리조나 주립대학 (2016) - 제과 제빵 자격증 (2017)
경력	제과 쉐프, 돈 앤지 스페인식 카페 (2019-현재) 제과 부쉐프, 르 퐁 프랑스식 식당 (2017-2019)
업무 관련 추천인	그렉 터바인, 돈 앤지 수석 쉐프 (602) 555-5402　gregturbine@tmail.com

어휘　certificate 자격증　bachelor's degree 학사학위　culinary 요리의

Hi, I'm supposed to have an interview this afternoon and I need your help. Can you answer a few questions regarding the interview?

안녕하세요. 오늘 오후 면접을 하기로 되어 있는데 당신의 도움이 필요합니다. 면접에 관련된 몇 가지 질문에 대답해 주실 수 있습니까?

Q8

Q. <u>What</u> is the applicant's <u>name</u> and what position is he or she <u>applying for</u>?

A. The applicant's <u>name is Rita Williams and she is applying for a pastry chef position.</u>

지원자의 이름은 무엇이고 어떤 직급에 지원하고 있습니까?

지원자의 이름은 리타 윌리엄스이고, 제과 쉐프직에 지원하고 있습니다.

Q9

Q. We're planning to offer a <u>new French-style dessert</u> menu soon. Does she have <u>any experience</u> in this specific field?

우리는 새로운 프랑스식 디저트 메뉴를 곧 제공할 계획입니다. 그녀가 이 특정 분야에 경험이 있나요?

A. Yes. She was <u>an assistant pastry chef at Le Fond, a French restaurant, from 2017 to 2019.</u>

네, 그녀는 2017년부터 2019년까지 프랑스식 식당 르 퐁에서 제과 부쉐프로 일했습니다.

Q10

Q. Can you tell me in detail about her <u>educational background</u> and <u>the certificates</u> that she has?

그녀가 소지한 학력과 자격증에 관해 자세히 말해줄 수 있습니까?

A. Sure. She got <u>a bachelor's degree in culinary arts management from Arizona State University in 2016.</u> Also, <u>she got a baking and pastry certificate in 2017.</u>

물론이지요. 그녀는 애리조나 주립대학에서 조리학 학사 학위를 2016년에 받았습니다. 또한, 그녀는 2017년에 제과 제빵 자격증을 취득했습니다.

어휘 be supposed to ~하기로 되어 있다 apply for ~에 지원하다 specific 특정의, 구체적인 field 분야 in detail 자세히

ACTUAL TEST

본책 p.128

1

월시 자동차 영업소		직원 월례회의 9월 15일 월요일
오후 3:00–3:15	신규 컴퓨터 시스템	오드라 맥맨, IT 컨설턴트
오후 3:15–3:30	차량 재고 업데이트 • 신규 모델 • 이용 가능한 중고차	해럴드 클리어리, 총괄 관리자
오후 3:30–4:00	향후 할인 및 행사	빌 서머스, 영업부장

오후 4:00–4:15	수리부 업데이트 사항
	• 신입 직원: 금요일부터
	  시작
	• 오일 교환 서비스:
	  다음달 할인 제공
		잭슨 하퍼, 수석 정비사

오후 4:15–4:30	직원 질의	

어휘 car dealership 자동차 영업소 monthly 매월의 vehicle 차량 inventory 재고, 물품 목록 available 이용 가능한, 구할 수 있는 upcoming 다가오는, 곧 있을 repair 수리 department 부서 mechanic 정비공 offered 제공되는

Hi, I'm attending the monthly staff meeting on Monday, but I haven't received a schedule. I need some information from you.

안녕하세요. 월요일에 직원 월례회의에 참석할 예정인데, 일정표를 받지 못했어요. 정보를 주셨으면 합니다.

45

Q. What time will the presentation on the new computer system start, and who will give that?

신규 컴퓨터 시스템에 관한 발표는 몇 시에 시작합니까? 누가 하나요?

A. The session on new computer system will be led by Audra McMann. It will start at 3 o'clock.

신규 컴퓨터 시스템 관련 세션은 오드라 맥맨 씨에 의해 진행됩니다. 그것은 3시에 시작합니다.

Q9

Q. I'll have to leave work at 5:00 to run some errands. Can you tell me what I'll miss if I leave at 5?

저는 볼일이 있어 5시에 퇴근해야 합니다. 제가 5시에 자리를 뜬다면 어떤 것을 놓치게 되는지 알려 주실 수 있나요?

A. The last session will finish at 4:30, so that won't be a problem.

마지막 세션은 4시 30분에 끝나므로, 문제가 되지는 않을 것입니다.

Q10

Q. I know there will be an update about the repair department. Can you give me all the details about the repair department update?

수리부 관련 업데이트 사항이 있을 것으로 알고 있습니다. 이에 관한 세부 사항을 모두 알려 주실 수 있나요?

A. Sure, the repair department update will be led by Jackson Harper, the head mechanic, from 4 to 4:15. He will talk about the new workers who will start on Friday. He will also talk about the oil change service. Discounts on it will be offered next month.

물론이지요. 수리부 업데이트 사항 보고는 수석 정비자 잭슨 하퍼 씨가 4시부터 4시 15분까지 진행할 것입니다. 그는 금요일에 근무를 시작할 신입 직원들에 관해 이야기할 것입니다. 그는 또한 오일 교체 서비스에 관해 이야기할 것입니다. 서비스 할인은 다음 달에 제공됩니다.

어휘 receive 받다 run an errand 볼일을 보다 miss 놓치다

본책 p.129

2

가정 원예 세미나
알링턴 주민센터
5월 2일 일요일

시간	세션	진행자
오전 10:00-11:00	정원 꽃 선택	파커 매그너슨
오전 11:00-오후 12:00	정원 유지보수	제이콥 화이트
오후 12:00-1:00	점심 식사	———————
오후 1:00-2:00	먹거리 기르기: 과일 및 딸기류	존 워너
오후 2:00-3:00	외래성 식물 관리 및 예방	제이콥 화이트
오후 3:00-4:00	~~한정된 예산으로 정원 가꾸기~~ 취소	마리아 로빈슨
오후 4:00-5:00	먹거리 기르기: 샐러드용 채소	애쉬튼 막스

어휘 home gardening 가정 원예 presenter 발표자, 진행자 maintenance 유지보수 invasive plant 외래종[침입성] 식물 management 관리 prevention 예방 on a budget 한정된 예산으로

Hello. I'm attending the seminar for home gardeners this week, but I haven't received a schedule yet. I'd like to know some details.

안녕하세요. 이번 주 가정 원예 세미나에 참석할 예정인데요. 아직 일정표를 받지 못했습니다. 세부 사항을 알고 싶어요.

Q8

Q. What is the first event of the day, and what time does it start?

그날 첫 번째 행사는 무엇이며, 몇 시에 시작합니까?

A. The first event is the session "Selecting Garden Flowers", led by Parker Magnuson. It starts at 10 o'clock.

첫 번째 행사는 파커 매그너슨 씨가 진행하는 '정원 꽃 선택'에 관한 세션입니다. 그것은 10시에 시작합니다.

Q9

Q. I heard that one of the sessions will be about gardening on a budget. Can you confirm that for me?

세션 중 하나가 한정된 예산으로 정원 가꾸기라고 들었습니다. 확인해 주실 수 있나요?

A. Unfortunately, the session on gardening on a budget was canceled.

안타깝게도, 한정된 예산으로 정원 가꾸기 세션은 취소되었습니다.

Q10

Q. I'm interested in growing food in my garden. Can you give me all the details of any sessions that deal specifically with growing food?

제 정원에서 먹거리를 기르는 데 관심이 있습니다. 특히 먹거리 재배를 다루는 세션에 대한 세부 사항을 모두 알려주실 수 있나요?

A. Sure. There are two sessions on growing food.
The first one is on fruits and berries, and it will be led by John Warner from 1 to 2.
The other one is on vegetables for salads, and it will be led by Ashton Marks from 4 to 5.

물론이지요. 먹거리 기르기 관련 세션이 두 개 있습니다. 첫 번째는 과일 및 딸기류에 관한 것인데, 존 워너 씨가 1시부터 2시까지 진행합니다.
다른 하나는 샐러드용 채소에 관한 것인데, 애쉬튼 막스 씨가 4시부터 5시까지 진행합니다.

어휘   confirm 확인해 주다   deal with 다루다, 취급하다   specifically 특히

PART 4

Express an opinion (Q11)

기초 다지기

PRACTICE

본책 p.137

1   I agree that companies should allow employees to choose their own work schedules.
2   I don't think the best activity to do with a friend is playing online games.
3   It's because using public transportation helps to reduce traffic.
4   In my case, good pay was more important than a short commute.
5   When I was young, I learned how to play the violin at school.
6   On the other hand, when you study alone, you can't ask questions of a teacher.
7   Otherwise, I would spend too much money buying books related to my major.
8   In addition, I can get honest opinions from people.
9   Therefore, it is better for children to learn computer skills.
10 For this reason, I prefer to work on my own rather than in a team.

기출로 훈련하기

1   일상생활

STEP 1

본책 p.142

| Q | Do you prefer to take public transportation rather than drive your own vehicle when commuting to work or school? Why or why not? Support your opinion with specific reasons and examples. | 학교나 직장에 다닐 때 본인 차량을 운전하기보다는 대중교통 타기를 선호하십니까? 그 이유는 무엇인가요? 구체적인 이유와 예시로 자신의 의견을 뒷받침하세요. |

48

ANSWER

의견	I prefer to take public transportation rather than drive my own car when commuting to work.	저는 통근할 때 제 차를 운전하는 것보다는 대중교통 이용하는 것을 선호합니다.
이유 1	When I take public transportation, it usually takes less time to get to work. I take the subway, so I avoid the heavy traffic during rush hour.	대중교통을 탈 때, 직장까지 가는 시간이 보통 덜 듭니다. 저는 지하철을 타서, 출퇴근 시간대에 교통체증을 피합니다.
이유 2	Also, I can watch TV programs on my mobile phone or take a nap on the subway, so it's relaxing.	또한, 지하철에서는 휴대폰으로 TV 프로그램을 보거나 잠깐 잠을 잘 수 있어서 편안합니다.
결론	Therefore, it's better for me to take public transportation.	그래서, 저는 대중교통을 타는 것이 더 좋습니다.

어휘　public transportation 대중교통　commute 통근하다　take a nap 낮잠 자다

STEP 2

본책 p.143

Q	Think of a hobby that you would like to learn more about. Is it better to learn about that hobby by getting information from a friend with the same hobby or by reading a book about it? Why? Give specific reasons or examples to support your opinion.	더 배우고 싶은 취미에 대해 생각해 보세요. 같은 취미를 가진 친구에게 정보를 얻어서 배우는 편이 낫습니까, 아니면 그 취미에 대한 책을 읽어서 배우는 게 낫습니까? 그 이유는 무엇인가요? 자신의 의견을 뒷받침할 근거나 사례를 제시하세요.

ANSWER

의견	I think it is better to learn about a hobby by getting information from a friend with the same hobby.	같은 취미를 가진 친구로부터 정보를 얻어 취미를 배우는 것이 더 좋다고 생각합니다.
이유	This is because I can ask my friend questions about the hobby. My friend can answer my questions and make sure I understand the important points.	왜냐하면, 내 친구에게 취미에 대해 물어볼 수 있기 때문입니다. 친구는 내 질문에 답을 해주고 중요한 포인트를 이해하도록 해줍니다.
근거	Actually, a friend taught me a new hobby last year. He taught me how to swim. He was very kind, and I felt very comfortable learning from him.	실제로 작년에 친구가 새로운 취미를 가르쳐 주었습니다. 그는 나에게 수영하는 법을 가르쳐주었습니다. 그는 매우 친절했고 나는 그에게 배우는 것이 매우 편했습니다.
결론	So this is why I prefer to learn about a new hobby from a friend.	그래서 이것이 내가 친구에게서 새로운 취미를 배우는 것을 선호하는 이유입니다.

2 학교/교육

STEP 1

본책 p.144

Q Do you agree or disagree with the following statement?
It is more important for high school students to study math than music.
Give reasons or examples to support your opinion.

다음 문장에 찬성합니까, 반대합니까?
고등학생은 음악보다 수학 공부가 더 중요하다.
자신의 의견을 뒷받침할 수 있는 근거나 사례를 제시하세요.

ANSWER

의견	I <u>disagree</u> that it is more important for high school students to study math than music. It is <u>true</u> that <u>math is a necessary subject</u> for high school students to learn.	저는 고등학생들이 수학을 공부하는 것이 음악을 공부하는 것보다 더 중요하다는 의견에 반대합니다. 수학이 고등학생들이 필시 배워야 할 과목이라는 점은 사실입니다.
이유 1	But music is <u>also very important</u>. Music helps people to be <u>more creative</u> and <u>focus more</u>.	그러나 음악 역시 매우 중요합니다. 음악은 사람들을 더 창의적이고 더 집중하게 해줍니다.
이유 2	It also helps <u>people relax</u>. I think it is very important for high school students because <u>school is so stressful</u>.	또한 그것은 사람들이 편안해지는 데 도움을 줍니다. 제 생각에는 학교에서 스트레스를 많이 받기 때문에 음악이 고등학생들에게 매우 중요합니다.
결론	Therefore, I think it's <u>equally important</u> for high school students to study music and math.	그래서 고등학생들이 음악과 수학을 공부하는 것이 똑같이 중요하다고 생각합니다.

어휘 necessary 필요한 subject 과목 creative 창의적인 focus 집중하다 stressful 스트레스가 많은 equally 똑같이

STEP 2

본책 p.145

Q What is the best way for a high school student to spend a long vacation from school? Choose ONE of the options provided below and give reasons or examples to support your opinion.
• Volunteering in the community
• Playing sports
• Relaxing with friends

고등학생이 긴 방학을 보낼 가장 좋은 방법은 무엇입니까? 아래 제시된 내용 중 하나를 선택하고, 자신의 의견을 뒷받침할 수 있는 근거나 사례를 제시하세요.
• 지역사회 자원봉사
• 운동
• 친구들과 휴식

ANSWER

의견	I think playing sports is <u>the best way for a high school student to spend a long vacation.</u>	운동을 하는 것이 고등학생들이 긴 방학을 보내기 위한 가장 좋은 방법이라고 생각합니다.
이유	During school, high school students <u>don't have enough time to play sports or do outdoor activities.</u> So a long vacation is <u>a good chance to learn and play sports.</u> Playing sports <u>improves students' health and helps them get rid of stress from studying.</u>	학교 다니는 기간에는 고등학생들이 운동을 하거나 야외 활동을 할 충분한 시간이 없습니다. 그래서 긴 방학이 운동을 배우고 할 수 있는 좋은 기회입니다. 운동을 하는 것은 학생들의 건강을 향상시키고 학업으로 인한 스트레스를 해소하는 데 도움을 줍니다.
근거	Personally, <u>whenever I had a school vacation, I learned new sports, such as swimming and snowboarding.</u> Now, I'm glad <u>I'm good at a few sports.</u>	개인적으로, 저는 학교 방학 때마다, 수영과 스노우보딩 같은 새 운동을 배웠습니다. 지금은 몇 가지 운동을 잘할 수 있어 기쁩니다.
결론	Therefore, I think <u>high school students should play sports during vacations.</u>	그러므로, 고등학교 학생들은 방학기간에 운동을 해야 한다고 생각합니다.

어휘   volunteer 자원봉사하다   outdoor activities 야외 활동   improve 향상시키다   get rid of ~을 없애다   be good at ~을 잘하다

---

3   직장/업무

STEP 1

Q	Do you agree or disagree with the following statement? *Companies should not hire job candidates if the candidate has a family member already employed at the company.* Give reasons or examples to support your opinion.	다음 문장에 찬성합니까, 반대합니까? *회사는 사내에 가족이 이미 고용되어 있는 구직자를 채용해서는 안 된다.* 자신의 의견을 뒷받침할 근거나 사례를 제시하세요.

ANSWER

의견	<u>I agree</u> that companies <u>should not hire job candidates if</u> the candidate has a family member already employed at the company.	회사는 사내에 가족이 이미 고용되어 있는 구직자를 채용해서는 안 된다는 점에 동의합니다.
이유 1	When people work with their family members, it can be hard <u>to treat</u> their family members <u>fairly and professionally.</u> People might not feel comfortable <u>correcting their family members' mistakes.</u>	가족과 함께 일하면, 공정하고 전문적으로 가족을 대하기가 어려울 수 있습니다. 사람들은 자신의 가족이 한 실수를 바로잡는 데 불편함을 느낄 수 있습니다.

PART 5

이유 2	Also, other coworkers may feel uncomfortable working with family members. It is not good for the whole company.	또한, 다른 동료들이 가족들과 일하는 것을 불편해 할지도 모릅니다. 회사 전체를 위해서는 좋지 않습니다.
결론	That's why it is not a good idea to hire family members.	그래서, 가족 구성원들을 고용하는 것은 좋은 생각이 아닙니다.

어휘   candidate 지원자, 후보자   fairly 공정하게   professionally 전문적으로, 직업적으로   correct 바로잡다

STEP 2   본책 p.147

Q	Do you agree or disagree with the following statement? *In order to be an effective leader, a person must be willing to try new ideas.* Give reasons or examples to support your opinion.	다음 문장에 찬성합니까, 반대합니까? *유능한 지도자가 되려면 새로운 아이디어를 기꺼이 시도해야 한다.* 자신의 의견을 뒷받침할 수 있는 근거나 사례를 제시하세요.

ANSWER

의견	I agree that a person must be willing to try new ideas to be an effective leader.	유능한 지도자가 되려면 새로운 아이디어를 기꺼이 시도해야 한다는 점에 동의합니다.
이유	If leaders are open to trying new ideas, their employees will feel comfortable suggesting new ideas. That way, the team can solve more problems.	지도자들이 새로운 아이디어를 시도하는 데 개방적이라면, 그들의 직원들은 새로운 아이디어를 제안하는 데 편안해 할 겁니다. 그런 식으로 팀은 더 많은 문제들을 해결할 수 있습니다.
근거	If a leader is not willing to try new ideas, the company will just stay the same. The company will not grow.	지도자가 새로운 아이디어를 시도하려고 하지 않는다면, 회사는 그저 정체될 것입니다. 회사는 성장하지 못할 것입니다.
결론	For this reason, I think an effective leader must try new ideas.	이런 이유로, 유능한 지도자가 되려면 새로운 아이디어를 시도해야 한다고 생각합니다.

어휘   effective 유능한   be willing to 기꺼이 ~하다   solve 해결하다   stay the same 정체되다

4 디지털/기술

Q	Should governments provide funding for the exploration of outer space? Why or why not? Give reasons or examples to support your opinion.	정부가 우주 탐험을 위한 자금을 제공해야 할까요? 그 이유는 무엇인가요? 자신의 의견을 뒷받침할 수 있는 근거나 사례를 제시하세요.

ANSWER

의견	I don't think governments should provide funding for the exploration of outer space.	정부가 우주 탐험을 위한 자금을 제공해야 한다고 생각하지 않습니다.
이유	There are many people and places here on Earth that governments should support.	여기 지구상에는 정부가 지원해 주어야 할 많은 사람들과 장소들이 있습니다.
근거	I mean, traveling to the moon sounds exciting. However, I think taking care of people who need help and protecting our environment is more important than space exploration.	제 말은, 달로 여행을 가는 것은 흥미롭게 들립니다. 그러나, 도움이 필요한 사람들을 돌보는 것과 우리의 환경을 보호하는 것이 우주 탐험보다 더 중요하다고 생각합니다.
결론	Therefore, I believe governments should not spend money on outer space exploration.	그러므로, 정부는 우주 탐험에 돈을 쓰지 않아야 한다고 생각합니다.

어휘   government 정부   funding 자금, 기금 조성   exploration 탐험   outer space 외계, 우주   Earth 지구   take care of ~을 돌보다   protect 보호하다   environment 환경

Q	Do you agree or disagree with the following statement? *Taking online virtual tours of art museums is as valuable as visiting museums in person.* Support your opinion with specific reasons and examples.	다음 문장에 찬성합니까, 반대합니까? *온라인 가상현실 박물관 투어를 하는 것은 직접 박물관을 방문하는 것만큼 가치가 있다.* 구체적인 이유나 예시를 들어 자신의 의견을 뒷받침하세요.

ANSWER

의견	I disagree with this statement.	이 주제문에 반대합니다.
이유	I think it's a lot better to see art by visiting a museum. I want to see the sizes and colors of the artwork in person.	미술관에 가서 예술작품을 보는 것이 훨씬 더 좋다고 생각합니다. 저는 예술작품의 크기와 색감을 직접 보고 싶습니다.
근거	Virtual museum tours can show clear images of the artwork. However, the experience isn't the same. If you just look at art on a computer screen, it isn't as impressive and moving.	가상현실 미술관 투어는 예술작품의 이미지를 선명히 보여줄 수는 있습니다. 그러나, 경험은 똑같지 않습니다. 그저 컴퓨터 스크린으로 예술작품을 본다면, 그만큼 인상적이고 감동적이지 않습니다.
결론	Therefore, I believe visiting museums in person is much more valuable.	그러므로, 저는 직접 미술관을 방문하는 것이 훨씬 더 가치 있다고 믿습니다.

어휘   artwork 예술작품 in person 직접 impressive 인상적인 moving 감동적인 valuable 가치 있는

ACTUAL TEST

본책 p.150

1

Q	Should managers be responsible for resolving disagreements between their employees? Why or why not? Give reasons or examples to support your opinion.	관리자는 직원들 간의 불화를 해결할 책임이 있습니까? 그 이유는 무엇인가요? 자신의 의견을 뒷받침할 수 있는 근거나 사례를 제시하세요.

ANSWER

의견	I think managers should be responsible for resolving disagreements between their employees.	저는 관리자들은 직원들의 불화를 해결할 책임이 있다고 생각합니다.
이유	It's important for a company that all the employees work well together, so managers need to resolve disagreements between their employees quickly.	회사로서는 모든 직원들이 함께 일을 잘하는 것이 중요합니다. 그러므로, 상사들은 직원들 사이의 불화를 빠르게 해결해야 합니다.
근거	If not, employees couldn't work well or quickly.	그렇지 않으면, 직원들은 일을 잘하거나 빨리 할 수 없습니다.
결론	Therefore, a manager needs to resolve disagreements between team members right away so that the team can get back to work.	그러므로 관리자는 팀원 간의 불화를 바로 해결해서 팀이 다시 업무에 복귀할 수 있도록 해야 합니다.

어휘   be responsible for ~에 책임이 있다 resolve 해결하다 disagreement 불일치, 불화 right away 바로, 곧장

2

Q Do you think companies need to spend a large amount of money on advertising in order to be successful? Why or why not? Give specific reasons or examples to support your opinion.

회사들이 성공을 거두기 위해 광고에 많은 돈을 쓸 필요가 있다고 생각합니까? 그 이유는 무엇인가요? 자신의 의견을 뒷받침할 근거나 사례를 제시하세요.

ANSWER

의견	I think companies need to spend a large amount of money on advertising in order to be successful.	회사들이 성공하려면 광고에 많은 돈을 써야 한다고 생각합니다.
이유	If companies spend lots of money on advertising, they can put advertisements on TV and online. Then a lot of people can see the advertisements on TV or online. That way, people can get information about the company's products and they will want to buy them.	만약 회사가 많은 돈을 광고에 쓴다면, TV나 온라인에 광고를 실을 수 있습니다. 그러면 많은 사람들이 그 광고를 TV나 온라인에서 볼 수 있습니다. 그렇게 하면 사람들은 그 회사 제품에 관한 정보를 얻을 수 있고, 그것을 사고 싶어질 겁니다.
근거	Actually, I bought a mobile game last week after I saw an advertisement online.	실제로, 저도 지난주에 온라인에서 광고를 본 후에 모바일 게임을 샀습니다.
결론	By spending money on advertising, companies can make money and succeed.	광고에 돈을 씀으로써, 회사는 돈을 벌고 성공할 수 있습니다.

어휘 in order to ~하기 위하여 successful 성공적인 make money 돈을 벌다 put advertisements 광고를 싣다 succeed 성공하다

본책 p.156

Q1

🎧 **Final Test 1_R_01**

Attention, / shoppers. // **Today** / at **Super Food Market,** / we're having a **contest** / for customers in our store. // Winners will receive / either **gift** cards, ↗ **discount** vouchers, ↗ or **free grocery** items.↘ // If you're interested, / visit the **customer service** desk / and fill out an **entry** card. //

쇼핑객 여러분, 주목해 주세요. 오늘 슈퍼 푸드 마켓에서 매장 고객을 위한 대회를 개최합니다. 우승자들은 상품권이나 할인 쿠폰, 또는 무료 식료품을 받게 됩니다. 관심이 있으시면 고객 서비스 데스크를 찾아 참가 카드를 작성하세요.

해설
- 주목을 끄는 단어(Attention), 상호명(Super Food Market) 등을 강조해 읽습니다.
- 단어 나열 구문의 억양을 정확하게 표현하여 읽습니다. (gift cards, ↗ discount vouchers, ↗ or free grocery items.↘)
- voucher[vάutʃər] [바우쳐ㄹ] 발음에 유의합니다.

어휘
attention 알립니다, 주목하세요 contest 대회 winner 우승자 receive 받다 either A or B A 또는 B discount voucher 할인 쿠폰 grocery 식료품, 잡화 be interested 관심이 있다 fill out 작성하다, 기입하다 entry 출전, 참가

Q2

🎧 **Final Test 1_R_02**

At a **press** conference / this **afternoon,** / the **traffic** commissioner announced plans / to **renovate** the **Port Road Bridge.** // The bridge, / built more than a **century** ago, / is one of the city's **most** recognizable **landmarks.** // Work crews will **resurface** the road, ↗ **install** new streetlights, ↗ and **paint** the bridge towers.↘ //

교통국장은 오늘 오후 기자회견에서 포트 로드 브리지 개조 계획을 발표했습니다. 백 년도 더 전에 건설된 이 다리는 이 도시에서 가장 쉽게 알아볼 수 있는 랜드마크 중 하나입니다. 작업 인부들은 도로를 재포장하고 새 가로등을 설치하며 교탑을 칠할 예정입니다.

해설
- 지명(Port Road Bridge), 기간(century), 최상급(most) 등을 강조해 읽습니다.
- 단어 나열 구문의 억양을 정확하게 표현하여 읽습니다. (resurface the road, ↗ install new streetlights, ↗ and paint the bridge towers.↘)
- commissioner[kəmíʃənər] [커미셔너ㄹ] ([커미서너ㄹ] (X)), resurface[risə́ːrfis] [뤼써ㄹ휘ㅅ] ([뤼써ㄹ훼이ㅅ] (X)) 발음에 유의합니다.

어휘
press conference 기자회견 traffic 교통 commissioner 국장, 청장 announce 발표하다, 알리다 renovate 개조하다, 보수하다 recognizable 쉽게 알아볼 수 있는 landmark 랜드마크, 역사적인 장소나 건물 resurface (도로 등을) 재포장하다 install 설치하다 streetlight 가로등

Q3

🎧 **Final Test 1_R_03**

❶ 사진 소개	This is a picture of four people in a lobby.	이것은 로비에 있는 네 사람의 사진입니다.
❷ 중심 대상	All of them are wearing formal clothes. The man on the left side of the picture is sitting on a chair and he has his bag on his lap. Next to him, a woman is standing and looking for something in her bag. Two men on the right side of the picture are looking at a laptop computer together. Both of them are wearing glasses.	모두 다 정장을 입고 있습니다. 사진 왼쪽의 남자는 의자에 앉아 있고, 무릎에 가방을 가지고 있습니다. 남자 옆에는, 한 여자가 서서 가방 속에 있는 무엇인가를 찾고 있습니다. 사진 오른쪽에 두 남자들은 함께 노트북을 보고 있습니다. 둘 다 안경을 끼고 있습니다.
❸ 주변/분위기	I can see some empty chairs along the wall in the background.	뒤쪽에는 벽을 따라 놓인 빈 의자들을 볼 수 있습니다.

어휘 formal clothes 정장 lap 무릎 empty 빈, 비어 있는

Q4

🎧 **Final Test 1_R_04**

❶ 사진 소개	This is a science lab.	이곳은 과학 실험실입니다.
❷ 중심 대상	A woman with long hair is sitting at a table. She is holding a pen and reading some documents. She looks like a teacher. Four students are standing around her and watching her.	머리가 긴 여자가 테이블에 앉아 있습니다. 그녀는 펜을 가지고 있고, 서류들을 읽고 있습니다. 그녀는 선생님처럼 보입니다. 네 명의 학생들이 그녀 주변에 서서 그녀를 쳐다보고 있습니다.
❸ 주변/분위기	There are some wall cabinets in the background. I think the teacher is checking their homework.	뒤쪽에는 벽 장식장이 있습니다. 선생님이 그들의 숙제를 검사 중이라고 생각합니다.

어휘 science lab 과학(실험)실 document 서류, 문서 wall cabinet 벽 수납장

Q5-Q7

Imagine that a marketing firm is doing research in your country. You have agreed to participate in a telephone interview about cleaning your home.

마케팅 회사가 당신의 나라에서 조사를 하고 있다고 가정하세요. 당신은 집 청소에 관한 전화 인터뷰에 응하기로 했습니다.

🎧 **Final Test 1_R_05**

Q5

Q. Is your entire home usually cleaned all at one time, or is your home usually cleaned a little at a time? Why?

집 전체를 보통 한 번에 전부 청소합니까, 아니면 한 번에 조금씩 청소합니까? 그 이유는 무엇인가요?

A. My home is cleaned all at one time. I'm busy on weekdays, so I clean my house on the weekend.

제 집은 한 번에 전부 청소합니다. 제가 주중에는 바빠서 주말에 집을 청소합니다.

어휘 entire 전체의

🎧 **Final Test 1_R_06**

Q6

Q. What cleaning task do you spend the most time doing, and why?

어떤 청소 일에 가장 많은 시간을 쓰나요? 그 이유는 무엇인가요?

A. I spend the most time cleaning the floors, because they get very dirty.

바닥을 청소하는 데 가장 많은 시간을 보냅니다. 매우 지저분해져서요.

어휘 task 일 floor 바닥

🎧 **Final Test 1_R_07**

Q7

Q. If you were going to hire a company to clean your home, which of the following would be most likely to influence you? Why?
• Recommendations from friends
• Online reviews
• Television advertisements

집을 청소해 줄 업체를 고용하려고 한다면, 다음 중 무엇이 가장 큰 영향을 미칠까요? 그 이유는 무엇인가요?
• 친구들의 추천
• 온라인 후기
• TV 광고

A. Probably recommendations from my friends. Because my friends care about me. So, they will give me more honest feedback than advertisements or online reviews.

아마도 친구들의 추천입니다. 친구들이 저를 신경 써주기 때문입니다. 그래서 그들은 제게 광고나 온라인 후기보다 더 정직한 피드백을 줄 겁니다.

어휘 hire 고용하다 influence 영향을 주다 recommendation 추천 advertisement 광고 care 신경 쓰다 honest 정직한

Q8-Q10

노튼힐스 커뮤니티 칼리지

간호사 평생 교육
봄 강좌: 5월 1일 - 6월 30일
등록 마감일: 4월 16일

강좌	요일	시간
의료업계: 동향 및 전략	월요일	오후 5:00-7:00
아이디어 전달하기: 발표 관련 조언	화요일	오후 4:00-6:00
간호사 관리 자격증	수요일	오후 4:30-6:30
환자와의 의사소통: 문화적 요인	목요일	오후 5:30-7:30
팀워크 전략	토요일	오전 9:00-11:00

비용: 강좌당 200달러 (토요일 강좌 250달러)

어휘 continuing education 평생 교육 registration 등록 deadline 기한, 마감 일자 health-care 의료 industry 산업, 업계 strategy 전략 communicate 소통하다, (정보 등을) 전달하다 presentation 발표 management 관리 certification 증명 cultural 문화의 factor 요인 team-building 팀워크

Hello. A nursing colleague recommended your courses, and I'd like to get some more information.

안녕하세요. 간호사 동료가 귀하의 강좌를 추천했는데요. 정보를 좀 얻었으면 합니다.

어휘 colleague 동료 recommend 추천하다

🎧 **Final Test 1_R_08**

Q8
Q. On what date do the spring courses begin, and when is the deadline for registration?

A. The spring courses start on May 1st, and the registration deadline is April 16th.

봄 강좌는 며칠에 시작합니까? 등록 마감 일자는 언제입니까?

봄 강좌는 5월 1일에 시작하고, 등록 마감일은 4월 16일입니다.

🎧 **Final Test 1_R_09**

Q9
Q. I was told that all of the courses cost $200. Is that correct?

A. Well, most of the courses are 200 dollars, but Saturday courses are 250 dollars.

모든 강좌 비용이 200달러라고 들었는데요. 맞습니까?

음, 대부분 강좌들이 200달러이지만, 토요일 강좌들은 250달러입니다.

🎧 **Final Test 1_R_10**

Q10
Q. I want to learn more about communication. Can you give me all of the details about your courses that are specifically about communication?

A. Sure, there are two courses on communication.
The first one is "Communicate Your Ideas: Presentation Tips" from 4 to 6 on Tuesdays.
The other one is "Patient Communication: Cultural Factors" from 5:30 to 7:30 on Thursdays.

의사소통에 대해 더 배우고 싶습니다. 특별히 의사소통을 다루는 강좌들에 대한 세부 사항을 모두 알려주실 수 있나요?

물론이지요. 의사소통에 관해 두 개의 강좌가 있습니다. 첫 번째 것은 화요일 4시부터 6시까지 진행되는 '아이디어 전달하기: 발표 관련 조언'입니다. 다른 하나는 목요일 5시 30분부터 7시 30분까지 진행되는 '환자와의 의사소통: 문화적 요인'입니다.

어휘 specifically 특히

Q11

Q	In the future, do you think shopping online will become more popular than visiting a store? Why or why not? Give reasons or examples to support your opinion.	미래에는 온라인 쇼핑이 매장 방문보다 인기가 더 많아질 것이라고 생각합니까? 그 이유는 무엇인가요? 자신의 의견을 뒷받침할 근거나 사례를 제시하세요.

어휘   popular 인기 있는

🎧 **Final Test 1_R_11**

의견	I think shopping online will be more popular than visiting a store.	온라인 쇼핑이 매장 방문보다 더 인기가 좋아질 거라고 생각합니다.
이유	Actually, it is already popular because online shopping saves people time and money.	실제로 온라인 쇼핑은 사람들로 하여금 시간과 돈을 절약할 수 있게 해주기 때문에 이미 인기가 있습니다.
근거	We don't have to spend time travelling to stores or looking through store aisles for what we want. Instead, we can just type in what we want, and all the items and their prices come up on one screen.	매장들을 찾아가거나 원하는 것을 찾느라 매장 통로들을 살펴볼 필요가 없습니다. 대신, 원하는 것을 입력만 하면 모든 상품들과 가격들이 한 화면에 나타납니다.
결론	It's so easy to find what you want and compare prices.	원하는 것을 찾고 가격을 비교하는 것이 매우 쉽습니다.

어휘   aisle 통로   compare 비교하다

본책 p.164

Q1

🎧 Final Test 2_R_01

Looking for an enjoyable and inexpensive **night out**?↗ // Stop by **Garden City Cinema** / and catch a movie! // For the last **twenty** years, / we have proudly shown **foreign**,↗ **independent**,↗ and **classic films**↘ for all audiences. // To make your experience even **more** enjoyable, / we **also** offer a variety of **snacks**↗ and **beverages**.↘ // Check our **Web site** / for a complete movie **schedule**. //

즐겁고 비용이 적게 드는 저녁 외출을 하고 싶으신가요? 가든 시티 시네마에 들러 영화를 보세요! 저희는 지난 20년간 자부심을 갖고 모든 관객을 위한 외국 영화, 독립 영화, 고전 영화 등을 상영해 왔습니다. 더 즐거운 경험을 만들어 드리기 위해 다양한 간식과 음료도 제공합니다. 전체 상영 시간표는 웹사이트를 확인하세요.

해설
• 상호명(Garden City Cinema)을 강조해 읽습니다.
• 2개, 3개의 단어 나열 구문의 억양을 정확하게 표현하여 읽습니다. (foreign,↗ independent,↗ and classic films↘) (snacks↗ and beverages↘)
• 의문사가 없는 의문문은 끝을 올려 읽습니다. (Looking for an enjoyable and inexpensive night out? ↗)
• 2음절 이상 긴 단어들의 발음에 유의합니다. inexpensive[ìnikspénsiv] [인익스펜시ㅂ], independent[ìndipéndənt] [인디펜던ㅌ], beverage[bévəridʒ] [베버뤼쥐]

어휘
enjoyable 즐거운 inexpensive 저렴한 night out 저녁 외출 proudly 자랑스럽게 independent 독립적인 classic 고전의 audience 관객, 청중 experience 경험 a variety of 다양한 beverage 음료 complete 완전한

Q2

🎧 Final Test 2_R_02

Thank you / for this **farewell** party. // I **can't** believe / that my **retirement** day has arrived. // When you have a **satisfying** job, / time passes **quickly**! // I've watched this company grow / from a **small, local** business / to a **large, international** corporation. // **However**, / it's **never** stopped / caring about **individual** employees. // I will miss **everyone**. // I'll always appreciate the **cards**,↗ **gifts**,↗ and **memories**.↘ //

이렇게 송별회를 열어주셔서 감사합니다. 은퇴 날짜가 다가왔다는 것을 믿기 어렵네요. 만족스러운 직업을 가지면 시간은 빨리 지나가거든요! 저는 이 회사가 작은 지역 업체에서 국제적인 대규모 기업으로 성장하는 것을 지켜봤습니다. 그렇지만 직원 개개인에 대한 배려도 멈추지 않았죠. 모두가 그리울 겁니다. 카드, 선물, 추억을 언제나 고마워할 것입니다.

해설
• 부정어(can't, never), 반전을 나타내는 표현(However) 등을 강조해 읽습니다.
• 단어 나열 구문의 억양을 정확하게 표현하여 읽습니다. (cards,↗ gifts,↗ and memories.↘)
• 개인적 심경을 담아 말하는 은퇴 연설입니다. 이야기하듯이 자연스럽게 읽습니다.

어휘
farewell party 송별회 retirement 은퇴, 퇴임 satisfying 만족스러운 grow 자라다 local 지역의 international 국제적인 corporation 회사, 기업 care about ~에 대해 마음을 쓰다, 관심을 갖다 individual 각각의, 개개의 employee 직원 appreciate 고마워하다

Q3

❶ 사진 소개	This picture was taken in an office.	이 사진은 사무실에서 찍혔습니다.	
❷ 중심 대상	Two people are standing at a desk and I think both of them are wearing black suits. The woman is writing something down. She is looking at computer screens. The man is drawing something on a whiteboard.	두 사람이 책상 앞에 서 있고, 두 사람 모두 검은 정장을 입은 것 같습니다. 여자는 무언가를 적고 있습니다. 그녀는 컴퓨터 화면을 쳐다보고 있습니다. 남자는 화이트보드에 무언가를 그리고 있습니다.	
❸ 주변/분위기	Some documents are lying on the desk. Both people in this picture look busy.	서류들이 책상에 놓여 있습니다. 사진 속 두 사람 모두 바빠 보입니다.	

어휘 suit 정장 draw 그리다 document 서류 lie 놓여 있다

Q4

❶ 사진 소개	In this picture, two men are playing guitars.	이 사진에는 두 남자들이 기타를 치고 있습니다.
❷ 중심 대상	They are outdoors. The man on the right is wearing a blue shirt and I think he is singing. The man on the left looks a little serious. Between them, I can see something black. I would guess it is a guitar case.	그들은 야외에 있습니다. 오른쪽 남자는 파란 셔츠를 입고 있고, 노래를 부르고 있다고 생각합니다. 왼쪽 남자는 조금 진지해 보입니다. 그들 사이에는, 검은색의 무언가를 볼 수 있습니다. 기타 케이스라고 추측해봅니다.
❸ 주변/분위기	There are lots of trees with green and brown leaves. I also see some yellow flowers. This place is very beautiful and peaceful.	초록색과 갈색 잎들을 가진 많은 나무들이 있습니다. 몇몇의 노란 꽃들도 볼 수 있습니다. 이 장소는 매우 아름답고 평화롭습니다.

어휘 outdoors 야외에서, 밖에서 serious 진지한, 심각한 would guess ~을 추측[짐작] 해보다

Q5-Q7

Imagine that a U.S. marketing firm is doing research in your country. You have agreed to participate in a telephone interview about listening to music.

미국 마케팅 회사가 당신의 나라에서 조사를 하고 있다고 가정하세요. 당신은 음악 듣기에 관한 전화 인터뷰에 응하기로 했습니다.

🎧 **Final Test 2_R_05**

Q5

Q. How often do you listen to music, and where do you usually listen to it?

얼마나 자주 음악을 듣고, 어디서 주로 음악을 듣습니까?

A. I listen to music once or twice a day, and I listen to it on the subway in the morning.

저는 하루에 한두 번 음악을 듣고, 아침에 지하철에서 듣습니다.

🎧 **Final Test 2_R_06**

Q6

Q. Do you listen to music more or less now than you did in the past? Why?

과거보다 지금 음악을 더 듣습니까 아니면 덜 듣습니까? 그 이유는 무엇인가요?

A. I think I listen to music less than I did in the past because I prefer to watch videos on YouTube.

과거보다 음악을 덜 듣는다고 생각합니다. 왜냐하면, 유튜브에서 영상 보는 것을 선호하기 때문입니다.

🎧 **Final Test 2_R_07**

Q7

Q. What is the best way to find out about new music? Why?
   • Talking to friends or family
   • Reading music reviews
   • Listening to the radio

새로운 음악을 찾는 가장 좋은 방법은 무엇입니까? 그 이유는 무엇인가요?
• 친구들이나 가족에게 이야기
• 음악 평 읽기
• 라디오 듣기

A. I think talking to friends or family is the best way to find out about new music. It's because they know what kind of music I like. So, they recommend good music to me.

친구들이나 가족에게 이야기하는 것이 새로운 음악에 관해 알아내는 가장 좋은 방법이라고 생각합니다. 왜냐하면, 그들은 제가 어떤 종류의 음악을 좋아하는지 알고 있기 때문입니다. 그래서 그들은 좋은 음악을 제게 추천해줍니다.

어휘   review 후기, 평   recommend 추천하다

Q8-Q10

<table>
<tr><td colspan="4" align="center">**퍼트넘 인터내셔널 푸드 사**

4월 12일 월요일</td><td align="right">월간 업데이트</td></tr>
<tr><td>오전 9:00-10:00</td><td colspan="3">달톤 프레시 푸드와의 협업
• 연간 예산에 미치는 영향
• 최근 정책 변경</td><td>댄 사이먼</td></tr>
<tr><td>오전 10:00-10:30</td><td colspan="3">분기별 보고 변경사항</td><td>메이 송</td></tr>
<tr><td>오전 10:30-11:00</td><td colspan="3">월간 예산 검토</td><td>짐 애셔</td></tr>
<tr><td>오전 11:00-11:30</td><td colspan="3">영업사원 신규 채용
• 절차 및 일정
• 면접 시 정규 직원의 역할</td><td>데이비드 김</td></tr>
<tr><td>오전 11:30-11:50</td><td colspan="3">일반 질의응답 시간</td><td></td></tr>
</table>

어휘 monthly 월간의 partnership 협업 yearly 연간의 budget 예산 recent 최근의 policy 정책, 방침 quarterly 분기별의 sales representative 영업사원 procedure 절차 timeline 시각표, 일정 role 역할 permanent 영구적인, 정규직의 general 일반적인

Hi, I understand you have the details about tomorrow morning's meeting. I have a few questions.

안녕하세요. 내일 오전 회의에 대한 세부 사항을 갖고 계신 걸로 압니다. 몇 가지 질문이 있어요.

🎧 **Final Test 2_R_08**

Q8 Q. What is Jim Asher going to talk about, and at what time?

짐 애셔는 무엇에 대해 이야기할 예정입니까? 그 시간은 언제인가요?

A. Jim Asher will talk about the monthly budget review from 10:30 to 11.

짐 애셔는 10시 30분부터 11시까지 월간 예산 검토에 대해 말씀하실 겁니다.

🎧 **Final Test 2_R_09**

Q9 Q. I have a lunch meeting tomorrow at noon. Could you tell me what I will be missing if I leave at noon?

내일 정오에 점심 회의가 있습니다. 제가 정오에 자리를 뜬다면 어떤 것을 놓치게 되는지 알려 주시겠어요?

A. Actually, you won't miss anything. The meeting will finish at 11:50.

실은, 아무것도 놓치지 않습니다. 회의는 11시 50분에 끝날 예정입니다.

어휘 miss 놓치다 leave 떠나다, 출발하다

🎧 **Final Test 2_R_10**

Q10 Q. Could you give me all the information you have about any agenda items having to do with hiring new sales representatives?

영업사원 신규 채용 관련 안건에 대한 모든 정보를 저에게 알려 주실 수 있나요?

A. Sure. David Kim will speak about hiring new sales representatives from 11 to 11:30. He will talk about the procedure and timeline, and the role of permanent staff in interviews.

물론이지요. 데이비드 김 씨가 11시부터 11시 30분까지 새 영업 사원 고용에 관해 말씀하실 예정입니다. 그는 과정과 일정에 대해, 그리고 면접 시 정규 직원의 역할에 관해 이야기하실 겁니다.

어휘 agenda 안건 have to do with ~와 관계가 있다, 관련되다

Q11

Q Do you agree or disagree with the following statement? *It is better for children to grow up in big cities rather than in small towns.* Give reasons or examples to support your opinion.	다음 문장에 찬성합니까, 반대합니까? *아이들은 작은 마을보다 대도시에서 자라는 것이 더 좋다.* 자신의 의견을 뒷받침할 근거나 사례를 제시하세요.

어휘 rather than ~보다

🎧 **Final Test 2_R_11**

의견	I agree that it is better for children to grow up in big cities rather than in small towns.	아이들은 작은 마을보다는 큰 도시에서 자라는 것이 더 좋다는 점에 동의합니다.
이유	I believe children can get a better education in a big city, because the best schools and educational places are in big cities.	저는 가장 좋은 학교와 교육시설들이 큰 도시에 있기 때문에 큰 도시에서 아이들이 더 좋은 교육을 받을 수 있다고 믿습니다.
근거	I grew up in a small town, and I had to take a long bus ride to get to school or the public library.	저는 작은 마을에서 자랐고, 학교나 공공도서관에 가려면 버스를 오래 타고 다녀야만 했습니다.
결론	So that's why I think it's better for children to grow up in a big city.	그래서, 아이들은 큰 도시에서 자라는 것이 더 좋다고 생각합니다.

어휘 public library 공공도서관

Q1

🎧 Final Test 3_R_01

Welcome to *Richardson Morning Radio*. // I'm here with your morning **traffic** report. // With all the heavy **snow** / we've been experiencing this morning, / you can expect **delays** / throughout the area. // **Continental** Avenue, ↗ **Elm** Street, ↗ and **Carver** Highway ↘ will be particularly **slow**. // **Instead**, / take Highway **One**. //

반갑습니다, <리처드슨 모닝 라디오>입니다. 아침 교통 정보를 가지고 왔는데요. 오늘 아침 겪고 있는 폭설로 지역 전체에서 정체가 예상됩니다. 컨티넨탈 가, 엘름 가, 카버 고속도로는 특히 더딜 겁니다. 대신 1번 고속도로를 이용하세요.

해설
- 주목을 끄는 단어(Welcome), 프로그램 명(Richardson Morning Radio), 주요 도로명(Continental, Elm, Carver, One) 등을 강조해 읽습니다.
- 단어 나열 구문의 억양을 정확하게 표현하여 읽습니다. (Continental Avenue, ↗ Elm Street, ↗ and Carver Highway↘)
- the area 에서 the는 모음 앞이므로 [ði] [디]라고 발음합니다.

어휘　traffic report 교통 정보　experience 겪다, 경험하다　expect 예상하다　delay 지연　particularly 특히　instead 대신

Q2

🎧 Final Test 3_R_02

Do you have experience / working in the **food** industry?↗ // If **so**, / **Branson Family Restaurant** / might have the **job** for you! // We are opening **two** new locations / this **summer** / and will be hiring several **servers**, ↗ **managers**, ↗ and **cooks**.↘ // We offer **competitive** pay↗ and **flexible** schedules.↘ // If you are interested in working for us, / **call** our **management** office today! //

식품업계에서 일한 경험이 있습니까? 만약 그렇다면 브랜슨 패밀리 레스토랑에 당신을 위한 일자리가 있습니다! 올 여름에 두 곳의 매장을 새로 오픈하므로 서빙 직원, 매니저, 요리사 여러 명을 채용할 예정입니다. 경쟁력 있는 급여와 유연한 일정을 제공합니다. 저희와 일해볼 생각이 있으시다면 오늘 저희 관리사무실로 전화 주세요!

해설
- 상호이름(Branson Family Restaurant) 채용직(servers, managers, cooks) 등을 강조해 읽습니다.
- 2개 혹은 3개 단어 나열 구문의 억양을 정확하게 표현하여 읽습니다. (several servers,↗ managers,↗ and cooks.↘) (competitive pay↗ and flexible schedules.↘)
- 조동사로 시작하는 의문문은 끝을 올려 읽습니다.
  (Do you have experience working in the food industry?↗)
- competitive [kəmpétətiv] [컴페러티브]는 2음절에 강세를 두고 발음에 유의합니다.

어휘　experience 경험　industry 업계　location 장소　hire 채용하다　several 몇의, 수개의　offer 제공하다　competitive 경쟁력 있는, 뒤지지 않는　flexible 유연한　management 관리

Q3

❶ 사진 소개	This picture was taken in an airport.	이 사진은 공항에서 찍혔습니다.
❷ 중심 대상	The woman on the left is standing at a ticket machine. She is looking at something in her hands. The woman on the right has a suitcase on the floor next to her. Behind the women, there are many other people. Some people are standing, and some people are sitting on chairs.	왼쪽 여자는 티켓 판매기 앞에 서 있습니다. 그녀는 손에 든 무언가를 쳐다보고 있습니다. 오른쪽 여자는 여행 가방을 자기 옆 바닥에 두고 있습니다. 두 여자 뒤에는 많은 사람들이 있습니다. 어떤 사람들은 서 있고, 어떤 사람들은 의자에 앉아 있습니다.
❸ 주변/분위기	I think it is cold outside because everyone is wearing winter clothes.	모두가 겨울 옷을 입고 있는 것으로 보아 바깥이 추운 듯 합니다.

어휘　suitcase 여행 가방

Q4

❶ 사진 소개	This is a picture of some workers fixing a road.	이것은 도로를 고치고 있는 몇몇 작업자들의 사진입니다.
❷ 중심 대상	All the workers are wearing yellow shirts. There is a big vehicle on the road. It is orange and white. I see a house in the background.	모든 작업자들은 노란색 셔츠를 입고 있습니다. 도로에는 큰 차량이 있습니다. 그것은 주황색과 하얀색입니다. 뒤쪽에는 집이 보입니다.
❸ 주변/분위기	There are also a lot of trees. The sky is a little dark, so I think it might rain.	또한 많은 나무들이 있습니다. 하늘이 약간 어두워서 비가 올지도 모른다고 생각합니다.

어휘　fix 고치다, 수리하다　vehicle 차량, 탈것　might ~일지도 모른다

Q5-Q7

Imagine that a lifestyle magazine is preparing an article. You have agreed to participate in a telephone interview about sending and receiving text messages on your mobile phone.

생활 잡지에서 기사를 준비하고 있다고 가정하세요. 당신은 휴대전화 문자 메시지 발신 및 수신에 관한 전화 인터뷰에 응하기로 했습니다.

어휘　lifestyle magazine 생활 잡지　prepare 준비하다　article 기사

 Final Test 3_R_05

 Q5　Q. When was the last time you received a text message, and who was it from?

마지막으로 문자 메시지를 받은 것은 언제입니까? 누구한테 온 메시지였나요?

A. The last time I received a text message was this morning. It was from my friend.

문자를 마지막으로 받은 것은 오늘 아침이었습니다. 친구로부터 왔습니다.

 Final Test 3_R_06

 Q6　Q. How often do you send text messages, and do you send more text messages in the morning or in the evening?

얼마나 자주 문자 메시지를 보내요? 문자 메시지는 오전과 저녁 중 언제 더 많이 보냅니까?

A. I send one or two text messages an hour. I send more text messages in the evening.

한 시간에 한두 개의 문자를 보냅니다. 저녁에 더 많은 문자들을 보냅니다.

 **Final Test 3_R_07**

Q7　Q. Describe some situations where you would prefer to make a phone call instead of send a text message.

문자 메시지를 보내는 대신 전화를 거는 편이 더 나은 상황들에 대해 이야기해 보세요.

A. I would prefer to make a phone call when I have many things to talk about. It's because it is not easy to text all I want to say. I also call my father instead of texting him, because he does not like text messages.

이야깃거리가 많을 때 전화하는 것을 선호합니다. 왜냐하면 말하고 싶은 것을 전부 문자로 치는 것이 쉽지 않기 때문입니다. 저는 또한 아버지가 문자를 좋아하지 않으셔서 아버지에게는 문자 대신 전화를 합니다.

어휘　describe 말하다, 서술하다　make a phone call 전화를 걸다　instead of ~ 대신　text 문자를 보내다

Q8-Q10

도시 계획 전국 컨퍼런스
모리스 컨벤션 센터
5월 7일

일정

오전 9:30-10:30	기조 연설: 자전거 친화 거리 (잰 올슨)
오전 10:30-오후 12:30	워크숍: 대중교통 지도 만들기 (버트 심스)
오후 12:30-1:30	무료 점심 뷔페
오후 1:30-2:30	강연: 환경친화적 기반시설 (마크 리)
오후 2:30-3:30	동영상: 보전과 변화 사이 균형 맞추기
오후 3:30-4:30	워크숍: 창의적인 공원 개선 (케이트 스미스)
오후 4:30-5:00	시상식: 최고의 도시 계획 업체

어휘 national 전국적인 urban 도시의 planning 계획 keynote speech 기조 연설 -friendly -친화적인 public transport 대중교통 eco-friendly 환경친화적인 infrastructure 기반시설 balance 균형을 잡다 preservation 보존, 보전 transformation 변화, 전환 creative 창의적인 improvement 개선, 향상 awards ceremony 시상식

Hello. I received an e-mail about the urban planning conference, but I can't seem to find it. I'm hoping you can answer a few questions.

안녕하세요. 도시 계획 컨퍼런스에 관한 이메일을 받았습니다만, 찾을 수가 없네요. 몇 가지 질문에 답변해 주시면 좋겠습니다.

🎧 **Final Test 3_R_08**

Q8

Q. What is the date of the conference, and where is it being held?

컨퍼런스 일자는 언제이며, 어디에서 열리나요?

A. It is at the Morris Convention Center on May 7th.

그것은 5월 7일에 모리스 컨벤션 센터에서 열립니다.

🎧 **Final Test 3_R_09**

Q9

Q. I assume I'll have to bring money for lunch. Is that right?

점심 먹을 비용을 가져가야 할 것 같은데요. 맞나요?

A. No, you won't. There will be a free lunch buffet from 12:30 to 1:30.

아니요, 그렇게 안 하셔도 됩니다. 12시 30분부터 1시 30분까지 무료 점심 뷔페가 있을 예정입니다.

어휘 assume 추정하다, 짐작하다

TEST 3

Q10

Q. I especially enjoy attending workshops. Could you give me all the details of the workshops that will be held at the conference?

저는 워크숍에 참석하는 걸 특히 좋아하는데요. 컨퍼런스에서 개최될 워크숍에 대해 자세한 내용을 전부 알려주시겠어요?

A. Sure. There are two workshops at the conference.
The first one is "Making Public Transport Maps", led by Bert Sims, from 10:30 to 12:30.
The other one is "Creative Park Improvements", led by Kate Smith, from 3:30 to 4:30.

물론이지요. 컨퍼런스에는 워크숍이 두 개가 있습니다. 첫 번째는 10시 30분부터 12시 30분까지 버트 심스 씨가 이끄는 '대중교통 지도 만들기'입니다.
다른 하나는 3시 30분부터 4시 30분까지 케이트 스미스 씨가 이끄는 '창의적인 공원 개선'입니다.

어휘 especially 특히 attend 참석하다

Q11

For you, how important is it to spend time outdoors? Why? Give reasons or examples to support your opinion.	야외에서 시간을 보내는 것은 당신에게 얼마나 중요합니까? 그 이유는 무엇인가요? 자신의 의견을 뒷받침할 수 있는 근거나 사례를 제시하세요.

의견	It is very important for me to spend time outdoors.	야외에서 시간을 보내는 것은 저에게 매우 중요합니다.
이유 1	I sit at a desk and work in an office for about eight hours a day. So I like to go outside every day for some fresh air and exercise. I usually take a walk around my neighborhood after work.	저는 하루에 대략 8시간 동안 사무실에서 책상에 앉아 일을 합니다. 그래서 신선한 공기나 운동을 위해 매일 야외에 나가는 것을 좋아합니다. 퇴근 후에는 동네 주변을 주로 산책합니다.
이유 2	Also, I ride bikes with my friends on the weekend. Going outside helps me get rid of stress.	또한, 주말에는 친구들과 자전거를 탑니다. 야외에 나가는 것은 스트레스를 해소하는 데 도움이 됩니다.
결론	Therefore, spending time outdoors is very important to me.	그래서, 야외에서 시간을 보내는 것이 제게는 매우 중요합니다.

어휘 exercise 운동; 운동하다 get rid of ~을 없애다